おすもうさん直伝！かんたん

家ちゃんこ

相撲部屋別 自慢のレシピ

飯塚さき

PIE International

はじめに

はじめまして！ 相撲ライターの飯塚さきです。
幼少期から、大相撲大好きな祖父母や父からの英才教育を受け、大学までアマチュア相撲を頑張った弟のことを応援し続け、気がついたらお相撲の世界にどっぷりハマっておりました。現在は、力士や親方をはじめ、角界の皆さんにインタビューし、記事や本、コラムなどを書いて生きています。

そんな私は、2024年1月に放送されたTBS『マツコの知らない世界』新春スペシャルにて、「週5でちゃんこを食べる相撲ライター」として、人気力士の皆さんと出演させていただきました。それがきっかけで本書を出版する運びとなり、大変うれしく光栄に思います。

伝統文化や神事、そしてスポーツの側面を併せ持つ大相撲の世界には、言い尽くせぬ魅力があります。そのひとつが、力士の強靱な体を作る「ちゃんこ」。アスリートでもあるお相撲さんたちが日々食べているちゃんこ鍋は、専門家の栄養士さんを驚愕させたほど、完璧な栄養バランスでできているのだとか！

本書では、栄養価の高い、かつ、とーってもおいしいとっておきのちゃんこレシピを、これでもか！ とふんだんに詰め込みました。14部屋を取材して感じたのは、作る皆さんの「手間と愛情」。ご家庭でも再現しやすいレシピを目指しましたが、そこには「こうしたほうがもっとおいしいから」という、皆さんの手間と優しさが随所にちりばめられています。

本来、お相撲さんたちが作るちゃんこは、豪快な「目分量」！ 私はそんなおおらかな大相撲の世界が大好きです。しかし、今回は本書のために、慣れない計量カップや秤を使って丁寧に計っていただいたことで、わかりやすく本に落とし込むことができました。秘伝のレシピを、これまたおおらかに出し惜しみすることなく教えていただいた14部屋の皆さんに、心から感謝申し上げます。

日本中の「おいしい」を知り尽くすお相撲さんたちの絶品ちゃんこ。
ぜひ皆さんも作ってみてください！

飯塚さき

もくじ Contents

Column

本書について

- 本書に収録している料理は、たくさん運動し汗を流す力士向けのレシピのため、塩分や砂糖が多めの濃い味付けとなっています。調味料、スープに入れる水の量などもあわせて、お好みで調整してください。
- ちゃんこ鍋のレシピに記載の具材の種類や分量は、あくまで取材日の相撲部屋にあった材料をもとにしていますが、ご家庭ではお好きな具材や分量にアレンジしてみるのもおすすめです。
- 掲載している写真は、取材時のものであり、必ずしも記載の分量と同じものではありません。
- 記載の火加減、油の温度、調理時間などはあくまで目安です。ご使用の調理器具や環境に応じて調整してください。
- 材料を洗う、皮をむく、石づきを落とすなどの下処理は、調理前に済ませています。

基本の分量

※食材・調味料によって重量が異なります。

大さじ1＝15ml
大さじ1/2=7.5ml
小さじ1＝5ml
小さじ1/2=2.5ml

1カップ=200ml
ひとつまみ=親指と人差し指でつまめる程度
ひとつかみ=片手でつかめる程度
ひとまわし=鍋の縁を素早く一周する程度

基本の切り方

※五十音順

いちょう切り

例 大根、にんじん
まず縦半分に野菜を切り、さらに縦半分に切ったら、いちょうの形になるように厚さを揃えて切る。

薄切り

例 玉ねぎ、しいたけ
端から1mm程度に薄く切る。玉ねぎやしいたけの場合は、まず半分に野菜を切り、しいたけはじくを切り落とす。

角切り

例 玉ねぎ、じゃがいも
野菜を半分に切り、切り口を下にして1cm幅に切る。2～3枚に分けて端から1cm幅に切る。

くし形切り

例 玉ねぎ、りんご
縦半分に切り、切り口の中央に包丁を入れ繊維に沿って放射状に4～5等分にする。

小口切り

例 長ネギ、きゅうり
根元や先端を切り落とし、一定の幅で薄く切る。

ざく切り

例 キャベツ、小松菜
主に葉野菜を、3cmほどの幅にざっくりと切る。

ささがき

例 ごぼう
包丁を寝かせ、ごぼうを回しながら鉛筆を削るようなイメージで削るように薄く切り落とす。

斜め切り

例 長ネギ
根元を切り落とし、端から斜めに切っていく。幅は用途に合わせて。

半月切り

例 大根、にんじん
野菜を縦半分に切り、切り口を下にして半月形に切る。

細切り

例 ピーマン、たけのこ、にんじん
まずは野菜を薄切りにし、3～5mm程度に細く切る。

みじん切り

例 玉ねぎ、長ネギ、にんにく
球形の場合まずは野菜を半分に切り、切り口を下にして、上部は切り落とさないよう端から細かく切り込みを入れる。半回転させ、横から包丁で切り込みを2～3箇所入れる。縦から包丁を入れ細かく刻んでいく。

乱切り

例 にんじん、ごぼう
野菜を回しながら斜めに包丁を入れ、不規則な形に切る。

Column 1 

基本のちゃんこ

角界でいう「ちゃんこ」は、鍋だけでなく、お相撲さんが作る料理全般を指すとは、だいぶ広く知られるようになってきたのではないでしょうか。ちゃんこの言葉の由来には諸説ありますが、相撲部屋の師弟は親子同然であるとして、「ちゃん＝父」と「こ＝子」が一緒に食べる食事、という意味から来ているという説があります。また、ちゃんこの具材には鶏肉が使用されることが多いのですが、これは鶏が二本足で歩くことから、牛や豚のように「手をつかない」という意味で角界では縁起がいいためです。本書では、各部屋自慢のさまざまな味のちゃんこレシピを紹介しますが、まずは基本のちゃんこ鍋の味3つを押さえておきましょう。

しょうゆ

スープ取りに使う鶏がらを連想させることから、体の細い力士を「ソップ型」と呼びます（逆に、どっしり大きな力士は「あんこ型」です）が、しょうゆ味のちゃんこ鍋は「ソップ鍋」「ソップ炊き」とも呼ばれます。まさにちゃんこ鍋の王道の味で、味付けは甘めなことが多いです。

塩

基本の2つ目は塩ちゃんこ鍋。さっぱりとした塩味には、シンプルにこしょうやごま油などを合わせることが多いです。また、さまざまなだしと融合することでうまみが増し、アレンジの幅も豊富。力士のなかでも「塩ちゃんこが一番好き」という人が最も多いといえる（※飯塚さき調べ）ほど、人気の味です。

味噌

最後は味噌。鶏は角界の縁起物と書きましたが、味噌味のちゃんこ鍋には豚肉を入れることが多いです。部屋によって、赤味噌、合わせ味噌などこだわりの味噌を使用し、時には複数の種類をブレンドして作られます。豚肉の脂の甘みが味噌の優しい甘みと融合して、おいしい一品です。

おおたけべや

大嶽部屋

伝説の横綱・大鵬から受け継ぐ伝統の味

大嶽部屋 おおたけべや 二所ノ関

1971年、第48代横綱・大鵬(たいほう)が二所ノ関部屋から独立して興した大鵬部屋が前身。2004年に、娘婿であった元関脇・貴闘力(たかとうりき)の大嶽に師匠を交代して現在の名称である大嶽部屋となった。2010年より、元十両・大竜(だいりゅう)が師匠を務める。現在も部屋の玄関には「大鵬道場」の看板が掲げられており、大鵬の孫である王鵬(おうほう)らが所属する。

〒135-0024 東京都江東区清澄2-8-3

本日のメニュー

1. 鶏ソップ鍋
2. トマトと卵の中華風炒め
3. アスパラの肉巻き揚げ
4. かぼちゃのサラダ

大嶽部屋自慢のちゃんこは、大鵬さんからいまは亡き世話人・友鵬さんへと受け継がれました。その味と「食材は無駄なく使う」という教えを、力士たちがいまも大切にしています。

大嶽部屋

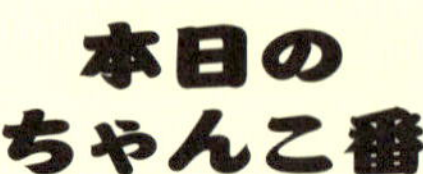

左：虎徹 亮我さん、右：新屋敷 勇希さん

オフショット

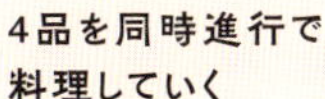

麦茶は大量に鍋で
煮出して、各自ひしゃくで
注ぐスタイル!

ご飯は
こんもり!

今日は
3升のお米を
炊いたよ!

師匠インタビュー

大嶽親方 ▶お客様が来るときは必ずこの鶏のソップ鍋

大鵬さんは、作っている最中に必ずお玉で味見をする人でした。そして、最初に酒をどれだけ入れていても、日本酒の一升瓶を持って1周半入れる。お客様が来るときは必ずこの鶏のソップ鍋でした。

昔はこんなに豪華なおかずはなくて、漬物だけ。魚を食べようと思ったら、いわしの水炊き鍋を作っていました。でも、お相撲さんは食うのが仕事だから、鍋だけだと寂しいねということで、鍋以外にも数品作るように変わってきたんです。野菜も肉も魚も食べないといけないから、いいことです。

大嶽部屋

鶏ソップ鍋

Chicken Soy Sauce Hot Pot

大鵬さんの時代から受け継がれる伝統のソップ鍋は、
とても甘い味付けが特徴。野菜の芯まで無駄なく使おう。

食材を大切にし、ある物を生かすという精神から、野菜の芯までだしに使用！
甘みたっぷりのスープにするために、玉ねぎは多めに入れて。
ちゃんこ鍋はどれも基本的に濃いめの味付けのため、調味料の分量は好みで調整しよう。

材料（3～4人分）

スープ

水…1L　※好みで調整
鶏がら…1羽分
※鶏がらスープの素（顆粒）でも可
酒…適量
A｜しょうゆ…約200ml
　｜砂糖…大さじ3.5強
　｜みりん…好みで

具材

キャベツ…1/2個
しいたけ…1パック
大根…1/3本
にんじん…1/2本
ごぼう…1/2本
えのき…1パック
油揚げ…好みで
こんにゃく…1袋
玉ねぎ…1～2個
鶏もも肉…2枚
ニラ…好みで

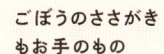

ごぼうのささがきもお手のもの

作り方

1 鍋に水を入れて酒をひとまわし加え、鶏がらを加え弱火にかける。

2 キャベツをざく切りにし、しいたけは好みの大きさに切る。キャベツの芯としいたけのじくは1に加え、1～2時間煮てだしをとる。

3 大根とにんじんを乱切りにし、竹串がすっと通るくらいまで下ゆでしたらボウルに入れて冷ましておく。

4 ごぼうをささがきにし、水にさらしておく。えのきは石づきを落とす。油揚げは食べやすい大きさに切る。

5 こんにゃくをコップの裏でたたきやわらかくして縦にちぎり、下ゆでしておく。

6 2から鶏がら、キャベツの芯、しいたけのじくを取り出す。

7 玉ねぎをくし形切り、鶏肉を食べやすい大きさに切り、2に加え強火にする。

8 アクが出てきたら、鶏肉の油を取らないように注意しながらアクを取り、弱火にする。

9 8に4のごぼうを浸した水を入れAを加える。

10 別の鍋に具材を盛り付け、9のスープを注ぐ。ニラを食べる直前にちぎって入れ、風味を出したら、完成！

5

10

＼できあがり～！／

トマトと卵の中華風炒め

大嶽部屋

Chinese Stir-fried Tomatoes and Eggs

人気の中華炒めといったらこれ！ プリプリきくらげにふわふわ卵、
濃いめの味にさっぱりトマトが相性抜群。

甘い卵焼きが得意ではない方は、砂糖の量を調整しても○。

材料（作りやすい分量）

トマト…2〜3個
生きくらげ…好みで
卵M玉…6個
塩…ひとつまみ
砂糖…大さじ1　※好みで調整
オイスターソース…大さじ2
ごま油…適量
黒こしょう…少々

作り方

1 トマトに浅く十文字の切り込みを入れ、湯むきをする。皮がめくれてきたら取り出して冷まし、食べやすい大きさに切る。

2 卵をとき、塩、砂糖、オイスターソースを入れて混ぜ合わせる。

3 フライパンにごま油を多めに入れ、2を炒める。

4 全体の半分程度まで火が通ってきたところで、トマトと生きくらげを加える。仕上げに黒こしょうをふる。

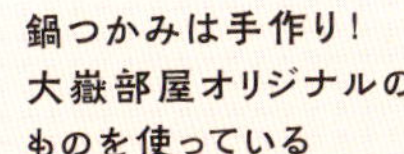

鍋つかみは手作り！
大嶽部屋オリジナルの
ものを使っている

大嶽部屋

アスパラの肉巻き揚げ

Deep-fried Asparagus Wrapped in Meat

アスパラの肉巻きに、さらに衣をつけて揚げたガッツリ料理。
このひと手間でごはんがさらに進んじゃう。

この日は、大嶽部屋お気に入りの大阪のお好み焼き屋さんのソースを使用。わざわざ取り寄せているそうだ。
アスパラガスを大きめに切ることで、ひと口の食べ応えが抜群に!

材料（10本分）

豚バラ肉…200g
アスパラガス…5本
キャベツ（付け合わせ用）…1/2玉
塩こしょう…適量
水…大さじ3～4
卵M玉…1個
薄力粉…大さじ3～4
パン粉…適量
揚げ油…約800ml
好みのソース…適量

作り方

1 アスパラガスは根元のかたい部分を切り落とし、ピーラーで皮をむいたら、半分に切る。

2 豚肉に塩こしょうを振り、1枚ずつ1に巻きつける。アスパラガスが隠れるまで複数枚巻きつけるとよい。

3 ボウルに、水、卵、薄力粉を入れ、ダマがなくなるまで混ぜ合わせ、バッター液をつくる。

4 バットにパン粉を入れ、2に3をからめてパン粉をまぶす。

5 油を中温に熱し、4をきつね色になるまで揚げる。

6 キャベツを千切りにする。

7 5と6を盛り付けたら完成！ ソースは好みのソースをかける。

もう一品！

かぼちゃのサラダ

Pumpkin salad

材料（作りやすい分量）

かぼちゃ…1/3個
きゅうり…1/2本
ハム…2枚
塩こしょう…適量
マヨネーズ…大さじ2　※好みで調整

作り方

1 かぼちゃは種わたを取り、皮がついたまま食べやすい大きさに切る。

2 蒸す。※時間がない場合は電子レンジでもOK。

3 かぼちゃを取り出したら、ボウルに入れてマッシャーでつぶす。

4 ハムは食べやすい大きさに切る。きゅうりは輪切りにして塩もみをしておく。

5 3に4を加え、塩こしょう、マヨネーズを加えて混ぜ合わせる。

蒸し器がないので、鍋とボウルを重ねてオリジナルの蒸し器を作っていた！

かたいかぼちゃも
お相撲さんの手に
かかればすぐに切れたよ

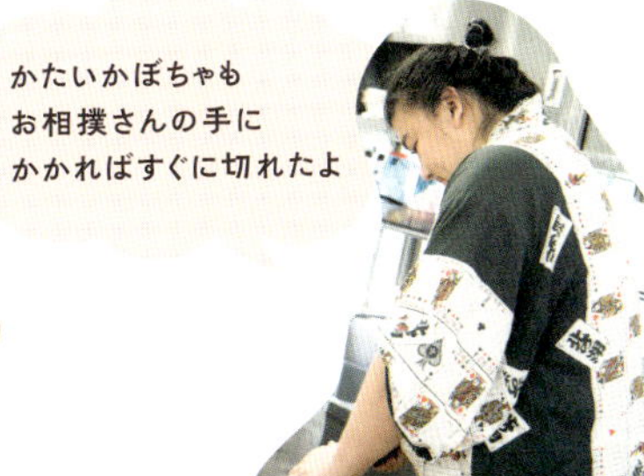

Column2-1 

相撲用語辞典 相撲中継編

大相撲の世界には、一般的でない専門用語がたくさんあります。
まずは、テレビの大相撲中継でよく聞く相撲用語について紹介します。

いなす／いなし

攻めてきた相手の攻撃をかわすこと。

おっつける／おっつけ

脇を締めて相手の肘あたりを絞るように押し、相手に差させないようにすること。

腕（かいな）を返す

差した手の甲を返して肘を張ること。相手に上手を取られないようにする技。

かちあげ

立ち合いの瞬間、肘を曲げて相手の胸あたりを打ち、相手の上体を下から起こす技。

電車道

立ち合いから一直線に押し出されたり寄り切られたりして負けること。口語では略して「シャミチ」とも。

ぬけぬけ

白星と黒星が交互に続くこと。

懐（ふところ）が深い

長身で腕が長く、柔軟性のある力士。相手から見ると、まわしが取りづらく攻めにくい。

前さばき

立ち合いで互いに差し手を争うこと。自分の得意の差し手を入れることができる力士を「前さばきがうまい」という。

たかだがわべや

髙田川部屋

名物は専用の鉄板で焼くお好み焼き！

髙田川部屋 たかだがわべや 二所ノ関

先代の師匠である元大関・前の山から2009年、元関脇・安芸乃島(あきのしま)が髙田川部屋を継承。元十両・大雷童(だいらいどう)をはじめ、現在は竜電(りゅうでん)、輝(かがやき)、白鷹山(はくようざん)、湘南乃海(しょうなんのうみ)と多くの関取が育った。稽古場には5本の鉄砲柱が立っている。

〒135-0024 東京都江東区清澄2-15-7

本日のメニュー

1. 鯛塩ちゃんこ
2. 卵と大和芋のふわふわお好み焼き
3. 青椒肉絲（チンジャオロース）

元関脇・安芸乃島率いる髙田川部屋では、なんと専用の鉄板で作るお好み焼きがちゃんこの名物。ほかの部屋の力士たちの間でも話題です。だしの効いた鍋も絶品。自慢のメニューをご紹介します。

本日のちゃんこ番

恵比寿丸（えびすまる） 宏樹（ひろき）さん

差し入れでもらったという大量のマグロをさくさくさばき、美しい盛り付けで出してくれた!

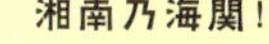

湘南乃海関!

師匠インタビュー

高田川親方 ▶ 若い衆と一緒に買い出しに行くのが私のこだわり

先代の親方（元大関・前の山）が大阪の人で、お好み焼きの作り方を伝授してもらいました。その後いろんなお好み焼き屋さんからも教えてもらって、いまに至っています。前よりおいしくなりましたよ。

自分は料理ができないので、若い衆と一緒に買い出しに行くのが私のこだわり。恵比寿丸のちゃんこ、おいしいですよ。自分は食う専門（笑）。みんなにも、おいしくしっかり食べてもらえたらそれが一番です。

髙田川部屋

鯛塩ちゃんこ

Sea Bream Salt-based Chanko

鯛を使った贅沢な鍋。とにかく魚介のだしが効いていて
絶品です。鯛が手に入ったらぜひ作ってみてください。

玉ねぎを入れると味が深くなるので、必須。
具材を継ぎ足していくので、最初はスープを濃いめに作る。
時間があれば数時間かけてだしをとってみて。驚くほど深い味わいが楽しめる。

材料（3～4人分）

スープ

水…1L　※好み で調整
鯛のあら…1尾分
昆布…1枚

A
- 塩…大さじ3
- 砂糖…少々
- しょうゆ…少々
- みりん…少々
- 白だし…ふたまわし
- 鶏がらスープの素（顆粒）…大さじ1
- 貝だしの素（顆粒）…好みで

具材

鶏もも肉…2枚
豚バラ肉…300g
玉ねぎ…1個
白菜…1/3株
大根…1/3本
長ネギ…2本
えのき…1・1/2パック
ニラ…1束
エリンギ…1・1/2パック

作り方

1 鍋に鯛のあらと昆布、水を加え弱火で5～6時間煮込む。※煮込む時間は、30分～1時間程度でもOK。

2 具材はすべて食べやすい大きさに切る。

3 1をざるでこし、元の量になるくらいまで水を加える。

4 大根を加え、竹串がすっと通るくらいのやわらかさになるまで強火で煮込む。アクが出てきたらお玉で取る。

5 鶏もも肉と豚バラ肉を加え、アクが出てきたらお玉で取る。

6 Aを加える。

7 残りの具材のうち、きのこ類と長ネギは先に入れ、少し煮立ったらほかの具材を加える。

味見をしながら
スープの味を
決めていきます

高田川部屋

卵と大和芋の ふわふわお好み焼き

Fluffy Okonomiyaki with Egg and Yamato Potato

高田川部屋名物。特筆すべきは小麦粉不使用であること。
代わりにとろろを使ったふわふわ食感がたまらない！

生地には片栗粉や小麦粉を使用せず、芋を主役にすることで、ふわふわの仕上がりになる。
片面に卵を焼き付けるのが、高田川部屋流。香ばしさと食べ応えがUP！
ソースはオタフクソースのものがおすすめだそう。

材料（作りやすい分量）

生地

キャベツ…1/5個
長芋…1/5本
大和芋…100g
豚こま切れ肉…100g

A
- 卵M玉…1個
- 桜えび（乾燥）…好みで
- 昆布だしの素（顆粒）…適量
- カツオだしの素（顆粒）…適量
- 天かす…好みで

サラダ油…適量

仕上げ

ウスターソース…好みで
マヨネーズ…好みで
削り節…好みで
青のり粉…好みで

作り方

1 キャベツは千切りにし長芋と大和芋はすりおろす。

2 豚こま切れ肉を、全体に火が通るまで炒め、生地と混ぜ合わせたときに熱が入らないように、粗熱を取っておく。

3 ボウルに、1、2、Aを入れて混ぜ合わせ、生地を作る。

4 鉄板（フライパンでも可）にサラダ油をひき、生地を適量流し入れて丸く成形し両面を焼く。

5 空いているところに卵液（分量外）を流し入れ、4を卵の上にのせる。卵が焼き上がったら、鉄板から取り出す。

6 仕上げにウスターソースやマヨネーズ、削り節、青のり粉をふりかけて完成！

1

3

5

この日は全部で
60枚ほどの生地を
焼いていた！

うまくひっくり
返せた！

高田川部屋

青椒肉絲

Stir-fried Shredded Pork with Green Peppers

どん！と大きな豚肉が相撲部屋らしい青椒肉絲。
ブロック肉を豪快に切って、ごはんとともに召し上がれ。

この日は、差し入れでもらった豚バラブロック肉を使用。
牛肉や豚こま切れ肉でも美味しくできるそう。
細切りではなくて大きめに切るのがポイント。

材料（作りやすい分量）

豚バラブロック肉…200g
ピーマン…5個
たけのこ（水煮）…1個

A
- 酒…30ml
- みりん…30ml
- しょうゆ…60ml
- 三温糖…30g
- オイスターソース…15ml
- 鶏がらスープの素（顆粒）…適量

作り方

1 豚バラブロック肉は3cm幅に切り、ピーマン、たけのこは細切りにする。

2 Aの酒、みりんはアルコールを飛ばすために先に鍋に入れ強火にかける。沸騰したら、残りの調味料を加え、三温糖が溶けるまでかき混ぜる。

3 フライパンで、豚バラブロック肉を強火で炒め、残った脂でピーマンとたけのこを炒める。

4 強火のまま2を加えて混ぜ合わせ、均一に混ざったら完成！

差し入れの豚バラブロックが2kg!!

手際良く切っていく！

ガスバーナーを使ってアルコールを手早く飛ばしていた！

Column2-2

相撲用語辞典 日常会話編

お相撲さんたちは、日常的に相撲用語を使って話しています。こちらでは、そんな「ネイティブ」な相撲用語を紹介します。みんなもぜひ使ってみてね！

実力が伴っていないこと。「そんな身分じゃない」という意味。
例「自分なんか顔じゃないッスよ」

すねること。
例「北向いてんじゃないよ！」

ケチな人。相撲が弱いこと。
例「しょっぱい相撲だなあ」

ちょっと抜けている人。天然ボケな人。
例「こいつ、はーちゃんだから」

見栄っ張りな人。
例「ヴィトンの財布買っちゃった」「ヒタチ～」

恋人や女性のこと。美人のことを「金星」と呼ぶ。
例「○○さんって誰の星ですか？」

ケガすること。「病に入る」からきている。
例「昨日ヒザやまいっちゃった」

たくさん食べられる人。「えびすこ（が強い）」という言葉もあるが、口語では「メシが強い・弱い」が多用される。
例「もっと食えよ！おまえメシ弱いな！」

かすがのべや

春日野部屋

これぞ相撲部屋の王道！ 昔ながらの味

春日野部屋 かすがのべや 出羽海

元行司・木村宗四郎の春日野が、養子であった横綱・栃木山の内弟子を預かって1919年に独立。1925年に栃木山が継承し、横綱・栃錦らを育てた。1959年に逝去後、栃錦が現役のまま部屋を継承。1990年に逝去後、横綱・栃ノ海に代替わりし、定年退職に伴い2003年より現在の元関脇・栃乃和歌が師匠を務める。関取が最も継続する部屋としても名高い。

〒 130-0026 東京都墨田区両国1-7-11

本日のメニュー

1. 味噌豚ちゃんこ
2. 本格麻婆（マーボー）豆腐
3. 力士唐揚げ
4. マッシュポテトサラダ

昔ながらの味を継承している春日野部屋からは、お相撲さんたちが大好きな王道のラインナップがずらり。これぞ相撲部屋！な、ガツンとうまい味を一挙にご紹介します。多めに作って作り置きしておくのもおすすめです。

春日野部屋

本日のちゃんこ番

左から栃乃島（とちのしま） 雅貴（まさき）さん、栃丸（とちまる） 正典（まさのり）さん、香富士（かおるふじ） 竜大（りゅうた）さん、栃春日（とちかすが） 博之（ひろゆき）さん

オフショット
ぱくり!
のこった!
のこった!
にこっ
にこっ

親方インタビュー

清見潟親方（元関脇・栃煌山）

鍋は酒石酸を使ったたれで食べるチリ鍋が好き。出羽海部屋とうちでしかやらないみたいですが、ポン酢だとなんか物足りないなと思ってしまいますね。あと、キャベツ・ピーマン・玉ねぎ・肉をバターと塩こしょうで炒めて、とき卵・大根おろし・しょうゆを混ぜたたれにつけて食べる、通称「バター焼き」も大好きです。結構バターがヘビーなので、赤身肉で作るのがおすすめ。辞めてから食べる量が減って、かつおいしく食べていたら45kg痩せました。現役時代は、どんぶり5杯のご飯がノルマで、おいしく食べている暇はなかった。いまは部屋のちゃんこがめちゃくちゃおいしいです。地方でも、部屋の鍋が毎日食べられるのでうれしい。稽古場には毎日下りています。おいしくてたくさん食べちゃうから、稽古して汗かかないと。

親方インタビュー

岩友親方（元関脇・碧山）

鍋は豚味噌と、団子しょうゆがお気に入り。ブルガリアにはキムチがないので、キムチちゃんこもおいしくて好き。でも、太りやすい体質なので、清見潟親方とは逆で食べすぎないように気をつけています。ご飯は2杯以内。コロナ禍より体重が15kg減りました。

春日野部屋に移る前にいた田子ノ浦部屋では、カレーちゃんこやポン酢と大根おろしの鍋がよく出ていました。最近は春日野部屋でもカレーちゃんこを作ってくれますよ。

ちゃんこ番インタビュー

栃丸さん

料理は、お気に入りで行きつけの店の店員さんに聞いて教わりました。伝統の味は部屋で教わるけど、お酒のつまみなどは外で研究。部屋飲みもしますよ。

春日野部屋

豚味噌ちゃんこ

Miso-based Chanko with Pork

豚味噌ちゃんこは、春日野部屋が代々受け継ぐ伝統の味。
特に先々代の親方（第44代横綱・栃錦）のお気に入りだったそう。

野菜は薄く切って火を通りやすくするのが時短ポイント。
豚肉からかなり脂が出るので、アクと一緒にすくって取ると、くどくならず優しい仕上がりに。

材料（3～4人分）

スープ

水…1L　※好みで調整

A｜合わせ味噌…50g
　｜赤味噌…30g
　｜砂糖…20g

具材

大根…1/6本
にんじん…1/2本
キャベツ…1/6個
しめじ…1/2パック
えのき…1/2パック
豚バラ肉…500g
油揚げ…好みの量

作り方

1 野菜と豚バラ肉、油揚げを食べやすい大きさに切り、大根とにんじんは下ゆでしておく。

2 鍋に水を入れて火にかけ、沸騰したら大根とにんじんを加える。

3 Aをすべて加えて味付けをする。

4 豚肉を入れて煮込み、アクが出たら取り除き、しめじとえのきを入れる。

5 食べる直前に残りの具材を入れて、ひと煮立ちさせる。

6 火が通ったら、完成！

料理中も仲良し！

部屋オリジナル鍋

春日野部屋

本格麻婆豆腐

Authentic Mapo Tofu

春日野部屋の麻婆豆腐は、花椒(ホアジャオ)などを使って複雑な香りを楽しめる本格派。お好みで辛さを調整して。

花椒とごま油を最後に入れることで、香りがより引き立つ。
辛いのが好きな人は、食べるときにラー油や一味をかけても◎。

材料（作りやすい分量）

木綿豆腐…1丁
長ネギ…1/2本
にんにく…1かけ　※好みで調整
しょうが…10g
合いびき肉…100g
塩（下ゆで用）…ひとつまみ

調味料
豆板醤（トウバンジャン）…大さじ1弱
甜麺醤（テンメンジャン）…大さじ1弱
鶏がらスープの素（顆粒）…小さじ2弱
花椒パウダー…少々
ごま油…適量
水…200ml

水溶き片栗粉…適量
（水：片栗粉　3：4）

作り方

1 豆腐はひと口大に切り、1分ほど塩ゆでしておく。

2 長ネギ、にんにく、しょうがはみじん切りにしておく。

3 フライパンに2のしょうがとにんにくを入れ、ごま油を入れて弱火でじっくり炒める。

4 甜麺醤と豆板醤を入れて香りが出たら、長ネギを半分とひき肉を入れて強火で一気に炒める。

5 ひき肉の色が変わったら、水を入れてひと煮立ちさせる。

6 豆腐と鶏がらスープの素、花椒パウダーを加え、ごま油を入れて香りをつけたら、最後に水溶き片栗粉を加えてとろみをつける。

7 皿に盛り付け、上から残りの長ネギを散らしたら、完成！

4

4

5

今日も暑いね～！

豆腐は一度塩ゆですることで余分な水分が抜けてよりおいしくなり、調理時間の短縮にもなる

力士唐揚げ

Fried Chicken Thighs for Rikishi

相撲部屋ド定番のおかずの唐揚げは冷めてもおいしい！揚げるそばからみんながつまみ食いしていく様子は日常の風景。

春日野部屋

材料（作りやすい分量）

鶏もも肉…2枚

A
- 酒…20ml
- しょうが…3g
- にんにく…4g
- 砂糖…8g
- みりん…15ml
- しょうゆ…30ml
- ごま油…5ml

片栗粉…100g
揚げ油…適量

作り方

1 鶏もも肉は食べやすい大きさに切って、Aを混ぜた液に一晩漬ける。

2 肉に片栗粉をまぶして、約180℃の油できつね色になるまで揚げる。
※火加減は高温で揚げ始め、途中は中温でじっくり、最後は再度高温にして仕上げる。

4

5

取材MEMO
片栗粉のみで揚げることで、ザクザク食感に。
時々持ち上げて空気に触れさせながら揚げることで、よりサクッと仕上がる。

マッシュポテトサラダ
Mashed Potato Salad

力持ちのお相撲さんが作るポテトサラダは、まるでマッシュポテトのようになめらかで口当たりがまろやか。力を込めて作ってみて！

材料（作りやすい分量）

玉ねぎ…1個
ハム…60g
きゅうり…1本
じゃがいも…3個

塩（ゆで用・塩もみ用）…適量
バター…10g
コンソメスープの素（顆粒）…大さじ1
牛乳…30ml
マヨネーズ…100g
黒こしょう…少々

作り方

1 玉ねぎは薄切り、ハムは細切りにする。きゅうりは薄い輪切りにして塩をまぶし、塩もみする。10分ほどおいて水分が出たら、手で絞る。

2 じゃがいもの皮をむき、火が通りやすい大きさに切ったら、10分ほどやわらかくなるまで煮る。竹串がすっと通ればOK。ある程度ゆでたら塩を適量入れる。

3 ゆでたじゃがいもをボウルに入れたら、熱いうちにバターとコンソメを加えて、ペースト状になるまでつぶす。

4 なめらかになったら、牛乳を2～3回に分けて混ぜながら加える。

5 マヨネーズと具材を加えて混ぜ、最後に黒こしょうを振って、完成！

じゃがいもをゆでる際は、ある程度ゆでてから塩を入れることで塩味がよりなじむ。
じゃがいもをつぶす際にシュレッドチーズを入れてもおいしい。
余ったポテトサラダは、翌日衣をつけてコロッケにアレンジも可能！

Column3-1

力士の一日 日常編

力士たちは基本、所属する部屋で生活しています。関取に上がると、個室がもらえたり部屋を出たりでき、部屋の用事も免除になりますが、それまでは厳しい修業の世界です。細かい時間などは部屋によって異なりますが、力士たちのおおまかな一日を紹介しましょう。

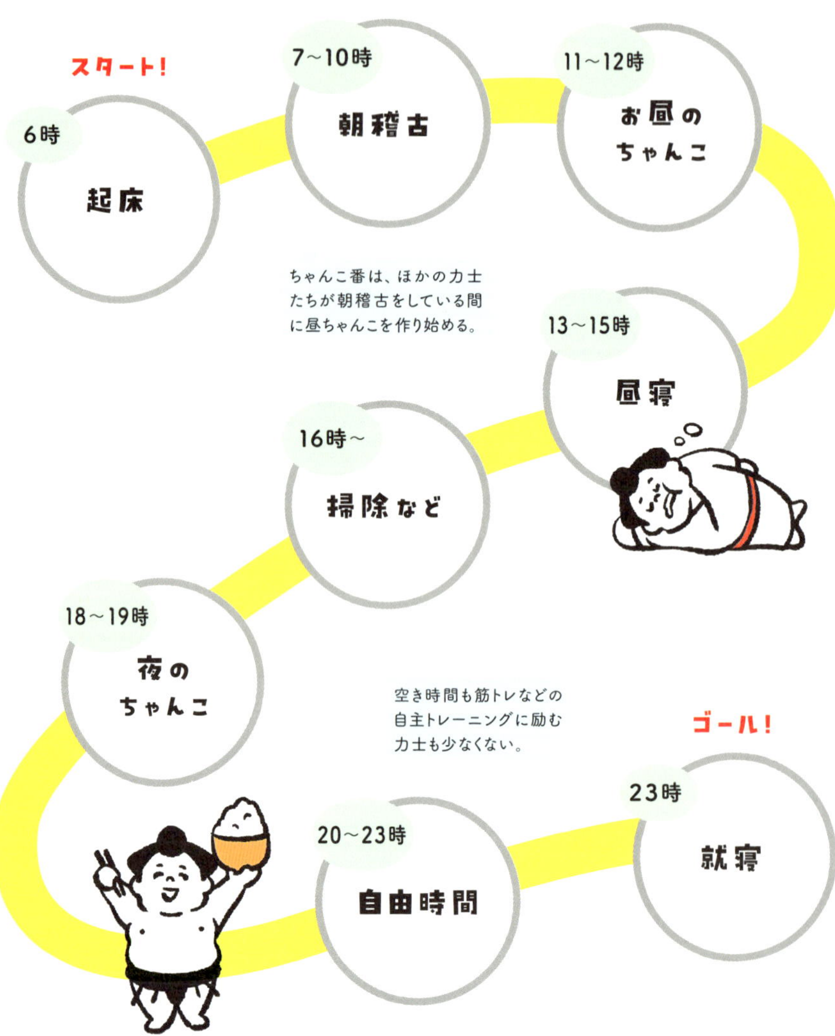

でわのうみべや

出羽海部屋

相撲部屋伝統の味を“鉄人”が伝授！

出羽海部屋 でわのうみべや 出羽海

現存する部屋で最多となる9人の横綱を育て、3人が協会理事長を務める名門。明治時代中期の大横綱・常陸山(ひたちやま)が中興の祖。1922年に逝去後、弟子の両國(りょうごく)が部屋を継承する際、出羽ノ海を名乗るのはおこがましいと「ノ」を取り除いて現在の「出羽海」の表記になった。さらに4度の代替わりを経て、2014年から元幕内・小城乃花(おぎのはな)の現師匠が指揮を執る。

〒130-0026 東京都墨田区両国2-3-15

本日のメニュー

1. 銀だらのチリ鍋
2. カツオのイブシ
3. 北の富士さん直伝！ポークカレー

相撲部屋には「チリ」と呼ばれる水炊き料理があります。お湯で炊いた味気のない食材を酸味が効いたポン酢でサッパリといただくちゃんこ鍋の事です。角界の「料理の鉄人」と名高い、元幕内・金開山の高崎親方がレシピを教えてくれました。

本日のちゃんこ番

左：小城ノ正 謙太さん、中央：出羽ノ城 昇太さん、右：高崎親方

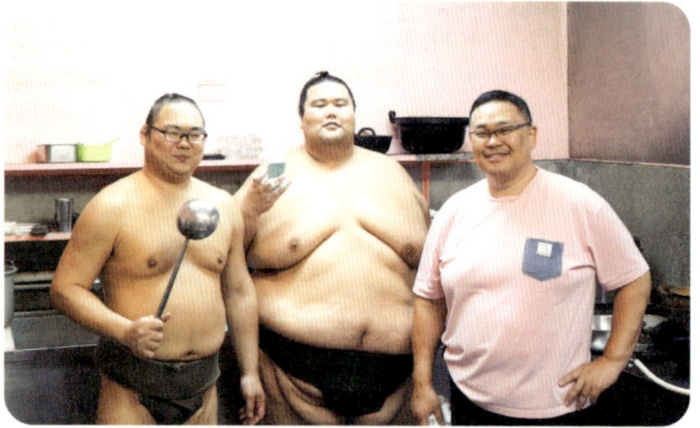

オフショット
いただきま〜す!
りんごも
きれいにむけますよ
料理は気持ちと
根性とセンス!

親方インタビュー

高崎親方 ▶ ちゃんこへの心がけが相撲にもつながっていく

私が入門した30年前までは、千秋楽の打ち上げは部屋でやっていましたね。
朝稽古はないんですが、鳶職の人が土俵と上がり座敷を同じ高さにしてスペースを作るんです。
ちゃんこ場では、鍋はもちろん「カツオのイブシ」を大皿に並べたり、国技館まで大量の焼き鳥を買いに行ったり、風呂場に水を張ってビールを冷やしたり……みんなでワイワイ言いながら準備していました。
成績が良い悪いはありますが、千秋楽は次の日から1週間休みなのでうれしかったな。
小さい頃は、両親は共働きだったし、たまに100円のお小遣いをもらうと、うどん玉とかハムとかを買って料理していました。食材を無駄にしない、片付けしながら作る、調味料はなくなる前に注文しろとか……若い衆にはしつこいくらい注意しています。そういった心がけが相撲にもつながっていくんです。

出羽海部屋

銀だらのチリ鍋

Vinegar Hop Pot with Black Cod

これぞ相撲部屋の伝統！ 今回は銀だらを使ったチリ鍋ですが、
鶏や豚でもよく作るそうなのでぜひお試しを。

豚肉なら「豚チリ」、タコなら「タコチリ」タラなら「タラチリ」と呼ぶ。
ポン酢の代わりにクエン酸をとかしたたれで食べるのが伝統で、出羽海部屋は昔ながらの作り方を守っている数少ない部屋だそう。

材料（3～4人分）

スープ
水…1L　※好みで調整
昆布…1枚

たれ
クエン酸（結晶）…5g
湯…60ml
しょうゆ…60ml
長ネギ（薬味用）…1/5本

具材
銀だら…1/2匹
えのき…1パック
しめじ…1パック
長ネギ…4/5本　※ニラでも可
白菜…1/4株
豆腐…1/2丁

作り方

1 鍋に水と昆布を入れ、だしを沸かしておく。

2 銀だらを二枚におろし、食べやすい大きさに切る。切り身を使ってもOK。薬味用の長ネギはみじん切りにし、具材の野菜と豆腐は食べやすい大きさに切る。

3 たれの調味料をすべて混ぜ合わせ、薬味用の長ネギを加える。

4 1を煮立て、食べる直前に具材を入れ、火が通ったら完成。

カツオのイブシ

Seared Bonito

カツオのたたきのことを、相撲部屋では昔から「イブシ」というそう。そんな伝統のイブシをご紹介します。

生のカツオを買ってさばいてもいいが、季節になったらスーパーで切り身が売られているので、それを使うとより簡単。

材料（作りやすい分量）

カツオ（たたき用）…1節

たれ
長ネギ（薬味用）…1・1/2本
A　酢…100ml
　しょうゆ…100ml
　※酢：しょうゆ＝1:1
　おろしにんにく…好みの量
　おろししょうが…好みの量

作り方

1 カツオを食べやすい大きさに切り器に盛る。長ネギはみじん切りにする。

2 Aを混ぜ合わせてたれを作る。

3 カツオにたれと長ネギをたっぷりかけて、完成。

長ネギたっぷりがおいしい！

出羽海部屋

北の富士さん直伝！ポークカレー

Pork Curry Inspired by Kitanofuji

名解説で多くの人から愛された元横綱・北の富士さんが考案した
ポークカレー。協会からレトルトも出ているので要チェック。

最後にカレー粉を入れるのがポイントで、食欲をそそる香りがより引き立つそう。
高崎親方は、みんなが食べやすいようににんじんはすりおろし、仕上げにしょうがやりんごの搾り汁、はちみつもプラスしていた。胃もたれしないさらっとしたカレーが好みなのだそう。

材料（5～6人分）

にんにく…1/2玉
にんじん…1/2本
りんご…1/2個
しょうが…1かけ
玉ねぎ…3個
じゃがいも…4～5個
豚肩ロース肉…500g

カレールウ…2パック（5～6皿分）
カレー粉…5g～
A はちみつ…好みで
トマトケチャップ…好みで
しょうゆ…好みで
とんかつソース…好みで

作り方

1 にんにくはみじん切り、にんじん、りんご、しょうがはすりおろしておく。このとき、しょうがは皮丸ごと使用すること。ほかの具材は、食べやすい大きさに切る。

2 鍋にサラダ油（材料外）をひき、強火でにんにくを炒める。

3 豚肩ロース肉を加えて炒める。火が通ったら、玉ねぎとじゃがいもを加える。ある程度火が通ったら、水（材料外）を具材が浸る程度入れる。

4 強火で、具材がやわらかくなるまで煮込む。アクと肉の脂が出てきたら適宜取り除く。

5 にんじんのすりおろしを入れ、かき混ぜたら火を止めカレールウを加える。

6 りんごとしょうがのすりおろしは搾り、汁のみ加える。

7 再度火にかけ、カレー粉を入れ煮立てる。最後に、味見をしながらAを好みの量加える。

ご飯はもりもりに！
しゃもじが大きい！

できあがり～！

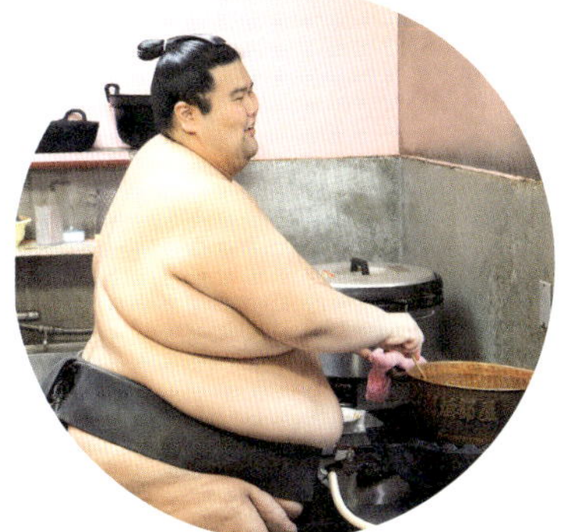

Column3-2

力士の一日 本場所編

本場所は奇数月の年6回、各15日間にわたって開催されます。開場が通常朝8時半。番付下位の力士たちから順番に相撲を取り、結びの一番（最後の取組）が18時前です。また、幕下以下の力士は1場所7番しか取組がないので、相撲がない日は部屋にいることになります。それぞれの取組の時間などにもよりますが、本場所中の力士たちの動きを紹介します。

~例：幕内力士の場合~

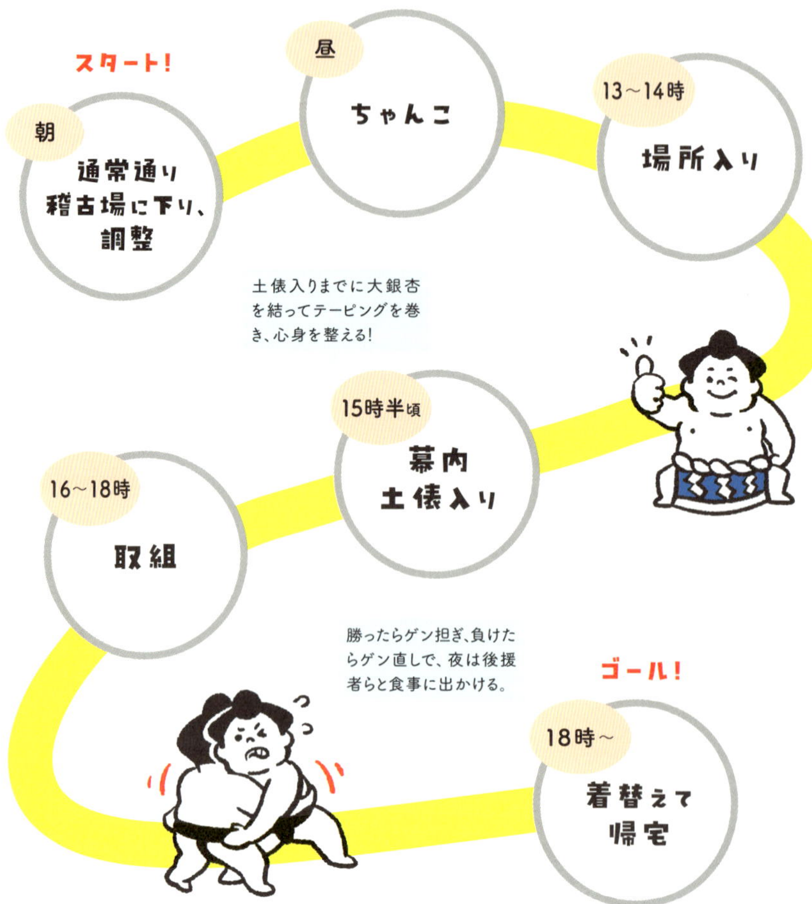

スタート!
朝
通常通り稽古場に下り、調整
昼
ちゃんこ
13～14時
場所入り
土俵入りまでに大銀杏を結ってテーピングを巻き、心身を整える!
15時半頃
幕内土俵入り
16～18時
取組
勝ったらゲン担ぎ、負けたらゲン直しで、夜は後援者らと食事に出かける。
ゴール!
18時～
着替えて帰宅

ときつかぜべや

時津風部屋

「湯豆腐」の概念が覆る!

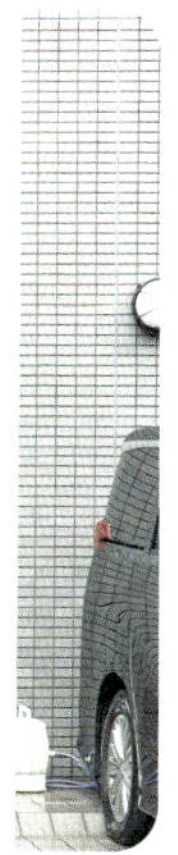

時津風部屋　ときつかぜべや　時津風

いまだ破られることのない69連勝の大記録をもつ伝説の横綱・双葉山（ふたばやま）が、現役中の1941年に「双葉山相撲道場」を設立。1945年に引退し、時津風部屋と改称した。第42代横綱・鏡里（かがみさと）や大関・豊山（ゆたかやま）らを輩出。当時、協会の理事長でもあった師匠の逝去後、鏡里、豊山、元幕内・時津海（ときつうみ）が代々部屋を引き継ぎ、2021年より元幕内・土佐豊（とさゆたか）が師匠となる。

〒130-0026 東京都墨田区両国3-15-4

本日のメニュー

1. 時津風部屋の湯豆腐
2. 鶏肉と赤ウインナーのケチャップ炒め
3. 青のりだし巻き卵
4. もつ煮込み

相撲部屋ならではのメニューのひとつが「湯豆腐」です。そのレシピを紹介してくれるのは、あの伝説の横綱・双葉山が創設した時津風部屋。各相撲部屋に伝わる伝統の味を、ぜひご家庭でも再現してみてください。

本日のちゃんこ番

▶ 後ろ左からから時乃平 亜睦さん、謙豊 三男さん、大畑 空宇さん
前：柏王丸 大樹さん

オフショット

ワイワイ

ワイワイ

今日のメニューは
大好き!

どすこい!

師匠インタビュー

時津風親方

湯豆腐は昔からみんなが喜んで食べるメニューです。いまは謙豊がいろいろなメニューを考えてくれて、たくさん新しい味が増えています。変わらない味がありながら、新しいものも出てくる。最近のメニューのなかでは、自分は鶏むね肉のソテーが好きですね。

関取インタビュー

時疾風(ときはやて) 秀喜(ひでき)関

部屋のメニューで一番好きな組み合わせが、まさに今日のこれ! ただ、自分は食べられないものがパクチーくらいで、嫌いなものがほとんどないので、いつもなんでも全部おいしくいただいています。謙豊さんがちゃんこ番の中心になって毎日作ってくれていて、ありがたいですね。

時津風部屋の湯豆腐

Yudofu from Tokitsukaze-beya

一般的な湯豆腐とはまったく違うのが、相撲部屋の湯豆腐。
青のりと削り節香るたれが絶品なんです！

たれに入れるしょうゆは、味を確認しながら少しずつ足していくのがおすすめ。
部屋によっては、卵黄だけを使うところ、卵を溶きながら湯煎してたれを作るところなどがあり、各部屋で違った味が楽しめる。

材料（3〜4人分）

たれ

A
- 卵M玉…5個
- しょうゆ…100ml
- カツオだしの素（顆粒）…大さじ1/2
- みりん…50ml
- 青のり…好みで
- 削り節…好みで

水（ゆで用）…適量

具材
- 鶏もも肉…1kg
- 豆腐…2丁
- しめじ…1・1/2パック
- えのき…1・1/2パック
- キャベツ…1/4個
- 長ネギ…1本

たれを
好きな量
かけて食べて

作り方

1 たれを作る。Aをボウルに入れ、混ぜ合わせる。

2 鍋に水を入れて沸騰させ、具材を素ゆでする。まずは鶏肉を入れ、アクを取ったら、豆腐、きのこ類、野菜の順に入れて火を通す。

3 器に具材を汁とともに取り分け、たれを好みの量かけて、完成！ たれの濃さを調整しながらいろいろな味を楽しんでみて。

1

2

時津風部屋

鶏肉と赤ウインナーのケチャップ炒め

Stir-fried Chicken and Red Sausages with Ketchup

子どもたちもきっと大好きな味。
ごはんが進むだけでなく、お弁当のおかずにも重宝しそうです。

ケチャップの甘さがくせになる一品。甘みが強いので、砂糖の量は好みで調整しても○。

材料（作りやすい分量）

鶏もも肉…300g
赤ウインナー…100g
サラダ油…適量
A トマトケチャップ…30g
　ウスターソース…12g
　バター…4g
　砂糖…3g

作り方

1 鶏もも肉と赤ウインナーを食べやすい大きさに切る。

2 フライパンにサラダ油をひき、強火で鶏もも肉を炒める。

3 火が通ったら、赤ウインナーを追加し炒める。※鶏肉の量が多い場合は水分が多く出るので、一度取り出しウインナーは別で炒めるのがおすすめ。

4 Aを加えて混ぜ、全体が均一に色づいたら完成。

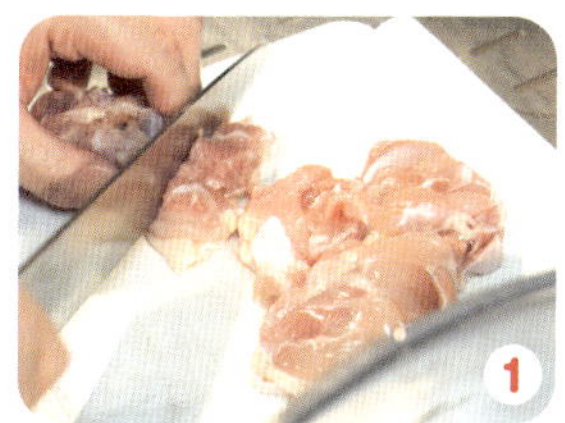

華麗なフライパンさばき！

全体にてりが出るまで混ぜよう！

時津風部屋

青のりだし巻き卵

Japanese Rolled Omelet with Dashi and Seaweed

湯豆腐で大活躍した青のりを、だし巻き卵にも入れちゃいました。こちらもぜひ青のりの香りを楽しんで。

だし巻き卵は
けっこう得意
ですよ

だし巻き卵は相撲部屋では定番なので、調理の手つきも慣れたもの。すいすいっと卵を巻いていた。

材料（4本分）

卵M玉…10個

A
- 水…200ml
- カツオだしの素（顆粒）…大さじ1
- 砂糖…大さじ2
- 青のり…大さじ1

サラダ油…適量

作り方

1 ボウルに卵を割り入れ、Aと混ぜ合わせておく。

2 卵焼き鍋にサラダ油を浸したキッチンペーパーなどで油を薄く塗り、1を全体に薄く流し込む。

3 半分程度火が通ったら、へらを使い手前側に巻く。空いているところに油を塗り、1を少量流し入れ、巻いた卵の下に流し、巻く。これを繰り返す。

もつ煮込み

Stewed Offal

できたて熱々はもちろん、翌日以降も味がしみておいしいもつ煮込み。作り置きにも便利なおかずです。

取材MEMO　前日に作り置きしていたものを、おかずにプラス。お酒のおつまみにもピッタリだ。

材料（作りやすい分量）

大根…1/4本
にんじん…3/4本
こんにゃく…1枚
しょうが…1/2かけ
もつ（下処理済みのもの）…1kg
長ネギ…好みの量

A
- しょうゆ
- 酒
- 赤味噌
- 砂糖
- みりん

作り方

1 大根とにんじんをいちょう切りにする。こんにゃくは分厚く切る。しょうがをスライスする。

2 1は下ゆでしておく。

3 2にAを加え、具材がやわらかくなり、味がなじむまで中火でじっくり煮込む。

4 器に盛り、長ネギをみじん切りにしてのせたら完成。

Column3-3

力士の一日 巡業編

場所と場所の間、4・8・10・12月の年4回、関取衆とその付け人たちは、地方巡業といういわゆる全国ツアーを回ります。ここで披露される取組は番付の昇降には影響しないため、力士たちも比較的リラックスモード。こうしたイベントは総じて「花相撲」と呼ばれます。ここでは、地方巡業中の力士たちのスケジュールを紹介します。

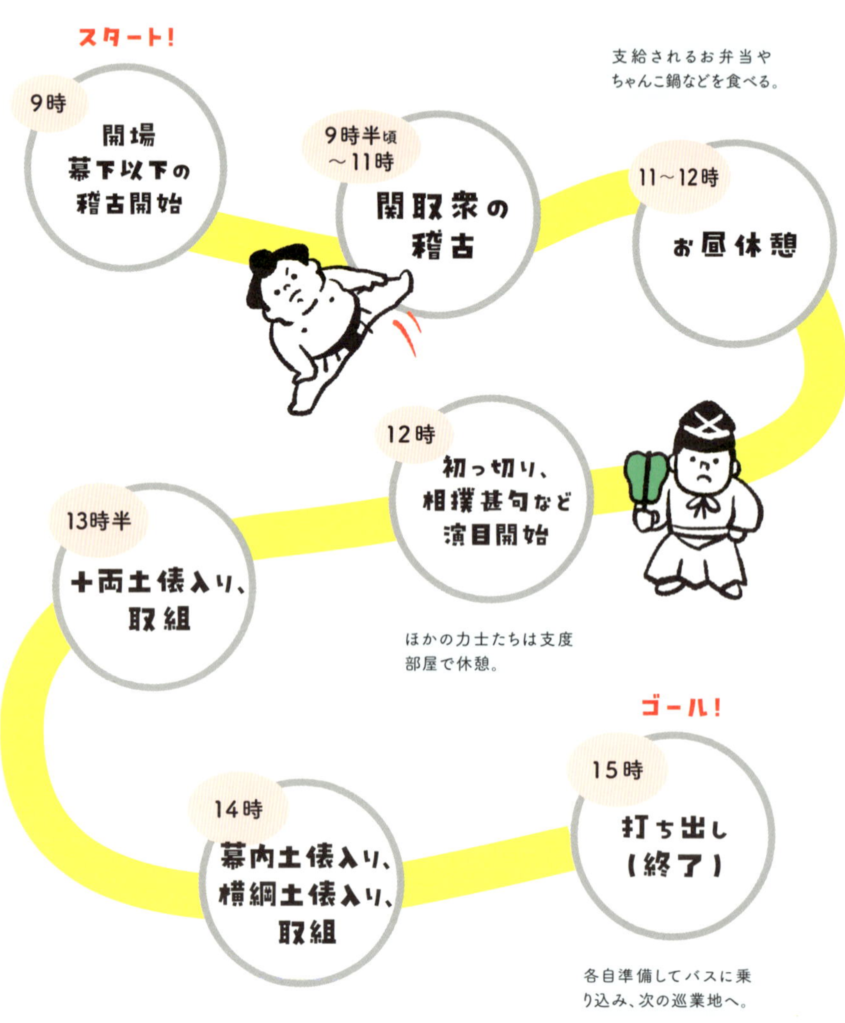

さどがたけべや

佐渡ケ嶽部屋

プロ仕込みの彩り豊かなちゃんこ

佐渡ヶ嶽部屋 さどがたけべや　二所ノ関

1955年、元小結・琴錦（ことにしき）が引退し、二所ノ関部屋から独立して創設。横綱・琴櫻（ことざくら）や関脇・長谷川（はせがわ）などを育てた。1974年、師匠の逝去に伴い琴櫻が部屋を継承。内弟子だった琴風（ことかぜ）（大関）、2代目琴錦（関脇）など多くの幕内力士を輩出した。定年退職に伴い、娘婿の元関脇・琴ノ若（ことのわか）が2005年に引退して継承。現師匠の長男である大関・琴櫻らが所属する。

〒 270-2215 千葉県松戸市串崎南町39

本日のメニュー

1. 塩ちゃんこ
2. とんかつジャポネソース
3. ぶりの照り焼き
4. 鯛と鶏肉の南蛮漬け

伝統と実力の佐渡ヶ嶽部屋。先代（元横綱・琴櫻）の孫、現師匠（元関脇・琴ノ若）の息子である大関・琴櫻をはじめ、勢いのある力士たちが所属している同部屋では、元ちゃんこ長で現在はプロの料理人である琴吹雪さんが腕を振るいます。

本日のちゃんこ番

左：琴太豪（ことだいごう） 晃有（こうゆう）さん、中央：琴吹雪（ことふぶき）さん、右：琴砲（ことおおづつ） 国太（くにひろ）さん

オフショット

大関・琴櫻関

著者撮影

はい、チーズ!

稽古中にまげがゆるんだら、仲間同士で結い直すことも

床山さんの道具セット

師匠インタビュー

佐渡ヶ嶽親方

とんかつジャポネソースは私も大好物。普段からどうしても肉が多くなるので、ちゃんこ番には野菜を必ずおかずのなかに入れるようにお願いしています。あとは残さず食べること!

ちゃんこ番インタビュー

琴吹雪さん

佐渡ヶ嶽部屋で約10年ちゃんこ長を務めました。現在は、知り合いが経営する本八幡の居酒屋さん「旬鮮酒場いらっしゃい!」の厨房で日々料理と向き合っています。日本酒や焼酎など、おいしいお酒もたくさん揃えていますよ。

佐渡ヶ嶽部屋

塩ちゃんこ

Salt-based Chanko

お客さんにも、部屋でも人気No.1の鍋。
巡業ではなんと1800食売れたこともあるのだとか!

鶏肉を炒めることで、煮崩れを防ぐだけでなく、鍋全体が香ばしくなる。
〆は中華麺を入れるのがおすすめ。塩ラーメンが楽しめる。
師匠は、自分のお茶碗にちょこっと「追いごま油」をするのがお好きだそう。お試しあれ!

オリジナルの
お茶碗が
かわいい♪

材料（3〜4人分）

スープ

水…1L　※好みで調整
酒…60ml
鶏がらスープの素（顆粒）…15g
塩…6g
黒こしょう…少々
白いりごま…好みで
ごま油…適量

具材

鶏もも肉…1kg
大根…1/3本
にんじん…1本
キャベツ…1/2個
小松菜…1/2束
油揚げ…1〜2枚
しめじ…1/2パック
えのき…1/2パック
豆腐…1〜2丁

2

4

作り方

1 鶏肉をひと口大に切り、ごま油（分量外）をひいたフライパンであらかじめ炒めておく。全体に火が通ったら、軽く黒こしょうを振って火から下ろす。

2 残りの具材は食べやすい大きさに切り、大根、にんじんは下ゆでしておく。

3 鍋に水を入れて沸かし、酒を加えてアルコールを飛ばす。

4 1と下ゆでした根菜を入れ、アクが出たら取る。

5 残りの具材を入れ、鶏がらスープの素、塩、黒こしょうをを入れて火が通るまで煮立ったら、最後に白いりごまとごま油を加えて、完成!

佐渡ヶ嶽部屋

とんかつ ジャポネソース

Tonkatsu with Japonais Sauce

すりおろした玉ねぎの甘いソースとともに味わうとんかつ。
こだわりのソースはほかのおかずにかけても合います。

玉ねぎの個体差によって甘みを砂糖で調整しよう。
部屋でお世話になっている福岡のふぐ料理店の大将から教わったレシピ。
一日寝かせるとさらにおいしいそうなので、ぜひ多めに作ってみて。

材料（作りやすい分量）

玉ねぎ…2～3個（500g）

A
- 薄口しょうゆ…60ml
- 濃口しょうゆ…少々
- 白ワインまたは酒…50ml
- 砂糖…50g～
- サラダ油…60ml
- おろししょうが…少々
- 白すりごま…30g

豚ロースとんかつ用肉（衣付き）…1kg
揚げ油…適量

作り方

1 玉ねぎをすりおろす。ミキサーを使用してもよい。

2 鍋に1とAを入れて火にかけ、へらで混ぜながら弱火でじっくり煮詰める。

3 豚ロースとんかつ用肉を約180℃の油で揚げる。

4 焼き色がこんがりついたら油から取り出し、食べやすい大きさに切る。熱々のソースをかけたら完成！

2

3

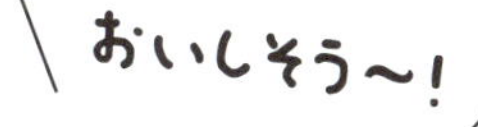
おいしそう～！

山盛りごはんの
上にのっけて
いただきま～す！

佐渡ヶ嶽部屋

ぶりの照り焼き

Teriyaki Yellowtail

簡単焼くだけ！ 作り置きやお弁当にもピッタリな定番おかず。
切り身を使えば時短にもなります。

家庭でも作りやすいメニュー。作り置きにもおすすめ。
事前に片栗粉をまぶしておくことで、たれにとろみがついてうまくからむ。

材料（3～4人分）

ぶりの切り身…400g（約4切れ）
サラダ油…適量
片栗粉…適量
A　しょうゆ…45ml
　みりん…45ml
　おろししょうが…5g
　砂糖…4g

作り方

1 ぶりは水けをよく拭き、片栗粉をまぶしておく。

2 フライパンにサラダ油をひき、ぶりを焼く。

3 ぶりに火が通り表面に焼き色がついたら、Aをすべて入れて煮詰め、たれをよくからませたら完成。

次は何を準備しましょうか～？

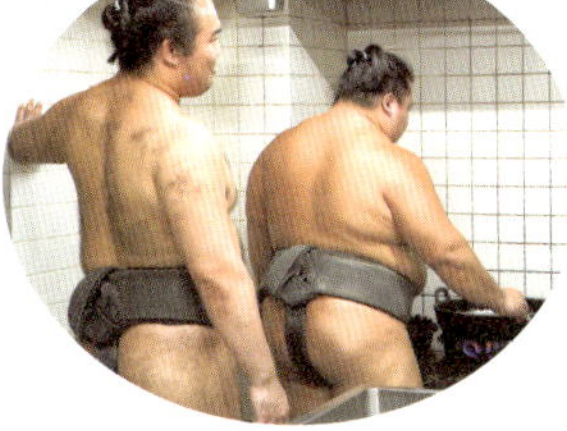

佐渡ヶ嶽部屋

鯛と鶏肉の南蛮漬け

Sweet and Sour Marinated

特製の調味液に漬ける南蛮漬けは、爽やかな酸味が効いたさっぱりした味わい。揚げ物全般に合うので、作り置きも◯。

事前に骨を取り除くことで、食べやすいだけでなく揚げるときの火の通りもよくなるので、一石二鳥。
この日は、鍋で余った鶏肉も一緒に揚げて漬けていた。
レモンはなくてもとてもおいしい。筆者のような柑橘アレルギーの人はぜひ抜きで！（笑）

材料（作りやすい分量）

だし汁…150ml

A
- 砂糖…大さじ3
- 薄口しょうゆ…大さじ3
- 酢…大さじ3
- 鷹の爪…1/2本

にんじん…1/3本
玉ねぎ…1/2～1個
鯛の切り身…100g
鶏もも肉…300g

塩こしょう…適量
片栗粉…適量
揚げ油…適量
レモン…適量

作り方

1 にんじんは細切り、玉ねぎは薄切りにする。

2 鍋にだし汁を沸かし、Aを加えてひと煮立ちさせ、にんじんと玉ねぎを入れて煮込んだら、火を止めて休ませておく。

3 鯛を食べやすい大きさに切り、骨を取り除く。鶏もも肉は食べやすい大きさに切る。

4 鯛と鶏もも肉に塩こしょうと片栗粉をまぶし、約180℃に熱した油で揚げる。

5 揚げた鯛と鶏もも肉をバットにあげ、上から2をかける。その上にスライスしたレモンをのせて、20分ほどおいて味をなじませたら、完成!

YUKATA SNAP 1

お相撲さんたちがとってもおしゃれなのを知っていましたか？
場所中に見かける「まわし」や「化粧まわし」はもちろんですが、場所入り前後や普段着として日常的に着用している「浴衣」も、個性豊かで各部屋のこだわりを感じるものばかり。四股名の入った反物は、十両より上の幕内力士だけに作ることが許されており、幕下以下の力士たちは関取衆や部屋の浴衣をもらっています。関取や親方の名前が染め抜かれたクラシカルなものから、ポップなイラストが入った現代的なものまで……お相撲さんたちのとりどりの着こなしをお楽しみください。

藤島部屋に所属する武州山関（現・待乳山親方）の反物。部屋を越えて反物を贈り合う文化がある。（荒汐部屋）

部屋の名前が染め抜かれたシンプルでダイナミックな紋様。（九重部屋）

漆黒の地色と、部屋名に由来する「松」模様の緑がかっこいい！（阿武松部屋）

輝関の四股名を背負った亀。よく見ると貝殻でできているのがなんとも粋！（高田川部屋）

いせのうみべや

伊勢ノ海部屋

相撲部屋伝統の味を紹介

伊勢ノ海部屋 いせのうみべや 時津風

200年以上続く歴史ある部屋で、横綱・柏戸(かしわど)や関脇・藤ノ川(ふじのかわ)などが所属した。先代である藤ノ川の11代が2011年に定年退職を迎えて代替わりし、現師匠の伊勢ノ海親方（元幕内・北勝鬨(きたかちどき)）は12代目。継承の翌年に現在の場所に部屋を移した。元関脇・勢(いきおい)や、最高位小結でベテランの錦木(にしきぎ)など、多くの関取を輩出している。

〒112-0011 東京都文京区千石1-22-2

本日のメニュー

1. みぞれ鍋
2. にんにく力士味噌

伝統的に魚料理が多かったものの、近年は魚が苦手な力士もいるため肉料理が増えてきたとのこと。そんな伊勢ノ海部屋からは、さっぱりとした大根おろしの鍋と、角界には欠かせない定番の「力士味噌」を紹介!

本日のちゃんこ番

京の里 優斗さん

オフショット

伊勢ノ海親方

大根おろしもお相撲さんの手にかかれば一瞬!

相撲部屋ではビールをどんぶりに注いで飲む習慣がある

関取インタビュー

錦木 徹也関 ▶ 味に研究を重ねてこんなに大きくなっちゃったんだから（笑）

部屋で好きなちゃんこは「水炊き」。さっぱりした鍋が好みなので、このみぞれ鍋もお気に入りです。京の里さんが作るちゃんこはおいしいですよ。この体形してまずかったら大変でしょ？　味に研究を重ねてこんなに大きくなっちゃったんだから（笑）。
得意料理は「チャーハン」ですね。自分が若い衆の頃からよく作っています。
お酒が大好きで、特に芋焼酎とハイボールが好き。毎日晩酌は欠かせません。

みぞれ鍋

Hot Pot Served with Grated Radish

大根おろしのさっぱりとした
鍋の味付けは、
めんつゆと塩のみ！
大根も、お相撲さんが
おろせばあっという間。

材料（3〜4人分）

スープ
水…1L　※好みで調整
めんつゆ（2倍濃縮）…500ml
塩…大さじ1・1/2〜　※好みで調整

具材
白菜…1/3株
春菊…2束
しいたけ…1パック
油揚げ…2枚
豚バラ肉…1.5kg
大根（おろし用）…1・1/2本

作り方

1 豚バラ肉を下ゆでして、火が通ったら取り出す。そのほかの具材は、食べやすい大きさに切っておく。

2 鍋に水を加え、沸騰したら下ゆでした豚肉を入れる。

3 めんつゆと塩を入れて味をつけ、白菜の芯を入れて煮込む。

4 大根をおろし、好きな形に成形しておく。

5 食べる直前にほかの具材を入れて、ひと煮立ちさせる。

6 火が通ったら最後に大根おろしをのせて、完成！

にんにく力士味噌

Sumo-style Garlic Miso

各相撲部屋で異なる「力士味噌」。
伊勢ノ海部屋は、ガツン！とパンチの効いたにんにく味噌が定番。

材料（作りやすい分量）

にんにく…1玉
鷹の爪…好みで
鶏ひき肉…300g
ごま油（炒め用）…大さじ2

A
- 合わせ味噌…200g
- 砂糖…大さじ5〜6
- みりん…大さじ5〜6
- 酒…少々
- カツオだしの素（顆粒）…好みで

作り方

1. にんにくの皮をむき、へらで上からたたいてつぶす。鷹の爪は細かく刻む。
2. ごま油でにんにくが透明になるまで焦げないように炒め、別皿にとる。
3. 同じフライパンで鶏ひき肉を炒める。
4. Aをすべて入れて混ぜ、焦げないようにへらで20分ほど混ぜながら加熱する。
5. でき上がったら冷まし、ビンに詰めて冷蔵庫へ。十分冷えたら、完成！

にんにくはつぶすことで、包丁で切るより味がしみやすくなる。
へらで混ぜ続けないと焦げてしまうので、忍耐力が必要！
必ず冷やして食べること。1週間以上経つと、味がしみ込んでますますおいしくなる。

YUKATA SNAP ②

お相撲さんのイラストが
ポップでかわいい!
魁皇関(現・浅香山親方)
のもの。(荒汐部屋)

トランプが縦に並んだ
なんともユニークな浴衣。
とてもお似合いでした!
(大嶽部屋)

立浪部屋に所属した
猛虎浪関の浴衣。
紫色のゼブラ柄が珍しい。
(荒汐部屋)

モデルポーズで決めてくれました。
ありそうでない、レンガ色に
総柄のおしゃれな浴衣
(鳴戸部屋)

お釈迦様と蓮が全面に
デザインされた、
厳かで縁起が良い浴衣
(鳴戸部屋)

おうのまつべや

阿武松部屋

和・洋・中が一堂に会する!

阿武松部屋 おうのまつべや 二所ノ関

元関脇・益荒雄（ますらお）が、所属していた大鵬部屋から1994年に独立して創設。翌年に現在の千葉県習志野市に部屋を開いた。小結・若荒雄（わかこうゆう）、阿武咲（おうのしょう）らを育て、2019年に退職。現師匠の元幕内・大道（だいどう）が継承した。現在は、モンゴル生まれで日本体育大学出身の阿武剋（おうのかつ）を筆頭に、関取候補に名を連ねる多くの力士たちが汗を流す。

〒 275-0014 千葉県習志野市鷺沼5-15-14

本日のメニュー

1. 塩麹ちゃんこ
2. 梅肉サラダ
3. 目玉焼きナポリタン
4. 八角と花椒の油淋鶏

阿武咲、阿武剋と立ち合いの馬力を武器に戦う力士たちがひしめく阿武松部屋。こちらでは、目を見張るほど多種類の調味料を駆使して、和洋折衷お相撲さんも大満足なボリューム満点のちゃんこをご紹介します。

阿武松部屋

本日のちゃんこ番

左：床雄（とこゆう）さん、右：道颯（みちはや） 陸（りく）さん

オフショット

注目の若手・阿武剋関。
モンゴル出身で、大好物は
冷麺なのだそう！

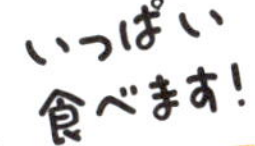

師匠インタビュー

阿武松親方

自分は料理が得意ではなかったので、基本お任せです。いまは床雄が全部仕切ってやってくれていて助かっています。先代（元関脇・益荒雄）のときから、うちの部屋で糖尿病になる力士が少ないのも、栄養バランスのいいちゃんこのおかげです。

関取インタビュー

阿武咲 奎也（ふみや）関

好きなのは、床貴（とこたか）さんが作るちゃんだれ（湯豆腐のたれ）。出してもらった日は、ちょっとだけ持って帰って、夜家でも食べたりします。基本、部屋のちゃんこは全部おいしいです。

食生活では、野菜をしっかりとる。場所に入ったら必ず納豆と卵と野菜だけで、毎食同じにします。そのほうが、胃もたれしないし、体調の変化がわかりやすいからです。意外かもしれませんが、肉はあまり食べません。

阿武松部屋

塩麹ちゃんこ

Chanko with Shio-koji (fermented salt and rice) Seasoning

鶏肉を塩麹に漬けた珍しい塩ちゃんこ。
鶏肉が柔らかくなるだけでなく、麹の甘みが口いっぱいに広がります。

鶏肉は塩麹に一晩漬けておくことで、鍋の最後の方までパサつかずプリプリの食感が楽しめる。
塩麹は漬け込んでいたものをすべて入れることで、簡単に味が決まる。

材料（3〜4人分）

スープ
水…1L　※好みで調整
鶏がら…1羽分
昆布…1枚
白だし…好みで

具材
鶏もも肉…500g
塩麹…50g
大根…1/4本
にんじん…1本
キャベツ…1/4個
しめじ…1パック
えのき…1パック
しいたけ…1/2パック
ニラ…1/2束
油揚げ…1枚

作り方

1 昆布を水に一晩つけておく。鶏肉を食べやすい大きさに切り、塩麹に一晩つけておく。

2 1の鍋に鶏がらを加え、2〜3時間弱火にかけたら、昆布と鶏がらを取り出す。

3 鶏肉以外の具材も食べやすい大きさに切り、大根とにんじんは下ゆでしておく。

4 2に根菜と鶏肉を加え、白だしを好みの量加える。

5 鶏肉が煮えたら、食べる直前にほかの具材を加え、火が通ったら完成。
※ニラは風味が立つように最後にのせる。

1 3

5

梅肉サラダ

Ume Salad

ガッツリメニューを中和してくれるサラダ。梅肉を使うことで、よりさっぱりとした味わいになります。

野菜が足りない!と急遽作ったサラダ。その日あるものでひと工夫したいと、梅肉と削り節をプラスしていた。愛情と手間を感じます。

材料（作りやすい分量）

レタス…1/2個
新玉ねぎ…1個
梅…好みの量
ポン酢…好みの量
削り節…適量

作り方

1 レタスは食べやすい大きさに切り、新玉ねぎは薄くスライスする。

2 梅は種を取り出し、実をたたいて細かくして、ポン酢と混ぜ合わせる。

3 器に1と2を盛り、削り節をかけたら完成。

阿武松部屋

目玉焼きナポリタン

Spaghetti Napolitan with Fried Eggs

子どもも大好き！メインにもなるスパゲッティナポリタンです。
半熟卵をとろーりかけて召し上がれ。

ナポリタン用の太めのスパゲッティを選ぶことで、グッと本格的な味に仕上がる。

材料（2人分）

スパゲッティ（直径2.2mm推奨）…200g
玉ねぎ…1/2個
ウインナー…160g（10本程度）
ピーマン…2個
バター…小さじ1
オリーブオイル…適量
A　トマトケチャップ…100g
　　コンソメスープの素（顆粒）…3g
　　ウスターソース…ひとまわし
　　砂糖…6g
　　塩…少々

卵M玉…2個

作り方

1 スパゲッティを塩ゆでする。塩（分量外）とゆで時間はパッケージの表示に従う。

2 玉ねぎは薄切り、ウインナーは斜め切り、ピーマンは細切りにする。

3 玉ねぎをバターとオリーブオイルで透き通るまで強火で炒める。

4 ウインナーを入れ、火が通ったらAを入れる。

5 ピーマンとスパゲッティを加え、全体が均一な色味になるようにかき混ぜ、器に盛る。

6 目玉焼きを作り、5にのせたら完成！

5

6

ぷくぷくの目玉焼きがたまらない！
一気にたくさん作ると分厚くなる

ナポリタンを作るときはこれ！

こだわりの太麺

阿武松部屋

八角と花椒の油淋鶏

Oil-poached Chicken with Star Anise and Sichuan Peppercorns

長ネギとスパイスたっぷりの大人な味。
スパイスを少し加えるだけで、本格中華の味わいを家庭で再現。

ラー油は、行きつけの中華料理店の店主お手製のもの。どんな味か気になる～！

材料（作りやすい分量）

鶏もも肉…500g
片栗粉…適量
長ネギ…3/4本

たれ

A
- 水…大さじ1
- しょうゆ…大さじ1
- 砂糖…大さじ1・1/2
- 酢…大さじ1・1/2
- 鶏がらスープの素（顆粒）…少々
- オイスターソース…少々
- 鷹の爪…少々
- 八角…1かけ
- 花椒パウダー…少々
- 山椒パウダー…少々
- ラー油…少々
- おろしにんにく…少々
- おろししょうが…少々

作り方

1 鶏もも肉のすじを切り、片栗粉をまぶす。

2 Aを混ぜ合わせ、みじん切りにした長ネギを加える。

3 フライパンに揚げ油（材料外）を鶏もも肉が浸るくらいの高さまで入れ、中火でカリッとするまで揚げ焼きにする。

4 3を食べやすい大きさに切って器に盛り、2をかけて完成。

2

3

4

スパイスにはまっているという床山の床雄さん。そのときの気分で次々にスパイスを加えていた

お肉は、一つひとつがとにかく大きい!!

Column 5 

大相撲豆知識

大相撲の世界には、さまざまなしきたりや風習があります。一般的にあまり知られていない豆知識やプチ情報を紹介しましょう。

相撲教習所

新弟子は、入門後の半年間、国技館敷地内の「相撲教習所」と呼ばれるところに通い、力士としての勉強をします。朝は教習所担当の親方衆の指導の下、3つの土俵で稽古。汗を流した後は、現役の大学教授らが教壇に立ち、書道や相撲の歴史、スポーツ科学といった座学を受けます。こうして実技と教養の指導を受け、心身共に力士としての心得を学んでいくのです。

普段力士が言う「教習所」とはこの相撲教習所のことで、車の免許の教習所ではありません。ちなみに、現役力士は安全のため、車やバイクの運転は禁止されています。親方や裏方さんはOKです。

給料のしくみ

力士は、十両に上がると初めて給料がもらえます。地位ごとの月給は、十両110万円、前頭140万円、小結・関脇180万円、大関250万円、横綱300万円。そのほか、優勝すれば賞金1000万円、三賞200万円、さらに取組で勝てばもらえる懸賞金などもあるため、地位が高ければ高いほど、年収は増えていくでしょう。

幕下以下は、2ヵ月に一度「場所手当」といって数万円が支給されますが、給料はありません。部屋に住んでいるため、衣食住は確保されていますが、厳しい修行の身といえます。

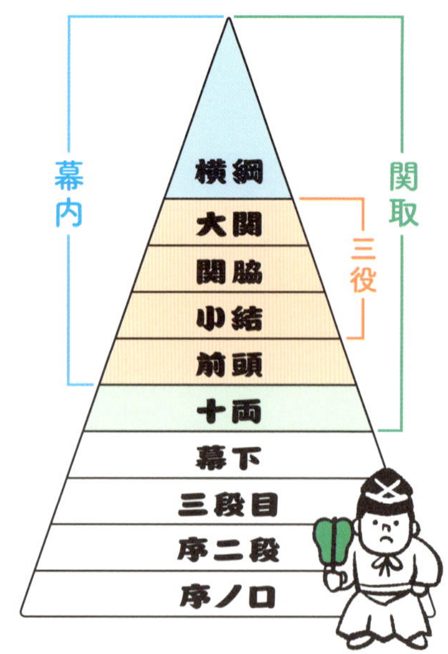

力士の引退後

関取として活躍した力士は、親方として協会に残り弟子の指導に当たれますが、全体から見ると、親方になれるのは選ばれた一握りの力士たちです。そのほかの力士のセカンドキャリアとしては、ちゃんこ番で培った腕を生かして、ちゃんこ屋さんや焼肉屋さんなどの飲食業界で働くことがよく知られていると思います。近年では、パワーを生かして介護の業界に入る人も。そのほか、実家の家業を継ぐ・手伝う、師匠やお世話になった後援者の方を通じて就職先を紹介してもらうなど、さまざまな選択肢がありますが、力士のセカンドキャリアは、もっと協会全体で体系立てて保証できたらと考えている親方衆もいます。

しころやまべや

錣山部屋

失敗から生まれたレシピも！ 明るく楽しく簡単に

錣山部屋 しころやまべや 二所ノ関

2004年、先代の師匠である元関脇・寺尾が、井筒部屋から独立して創設した部屋。2006年から現在の江東区清澄に部屋を構える。当時、部屋初の関取となったのが、現師匠の元小結・豊真将である。2023年、惜しまれながら先代が逝去。当時、部屋付き親方として指導していた現師匠が、2024年に正式に部屋を継承した。人気力士の阿炎らが所属する。

〒135-0024 東京都江東区清澄3-6-2

本日のメニュー

1. スタミナソップ団子鍋
2. 納豆巾着
3. 煮込みハンバーグ
4. 床瑛さんのクレープ

鋭い突っ張りと甘いマスクで人気を誇った先代（元関脇・寺尾）の愛した味を継承する錣山部屋。鍋からなんとスイーツまで！現師匠（元小結・豊真将）のおかみさんが、力士たちと協力しながら作ってくれました。

本日のちゃんこ番

左：若輝元 栄さん、
中央：床瑛さん、
右：翔大夢 瑛靖さん
おかみさんの山本 梨愛さん

オフショット

ほらほら、
これも食べてね

ワイワイ!

給食のように並んで
各自配膳するスタイル

この日炊いた米は3升。
升で量って炊いていた!
いただきま〜す!

好きなちゃんこは
塩にんにく!

人気力士の
阿炎関

著者撮影

師匠インタビュー

錣山親方 ▶うちのちゃんこには、チャレンジ精神が表れています

うちの部屋ではYouTube動画を作っているので、宮田（御雷山（みかづちやま））と瞬鶴（しゅんかく）で「ラーメン二郎」風の鍋を作ったこともありましたし、そういうチャレンジ精神があると思います。チャレンジには失敗がつきものですが、珍しいものを作れば気分が変わって面白いですからね。若輝元は、特に凝ったものを作るのが好きで、ヨーグルトを使ったギリシャ風のポテトサラダがおいしかった。個人的には団子が好きなので、ソップ団子鍋もうれしいです。

錣山部屋

スタミナソップ団子鍋

Stamina Soy Sauce Meatball Hotpot

味噌の効いた団子が主役のちゃんこ鍋。
団子にパン粉を混ぜることで、しっとり食感を演出します。

みじん切りをする量が多いときは、ミキサーやみじん切りチョッパーが活躍。
ちゃんこ番を手伝っていた宮田さんいわく、「なんにでもにんにくを入れておけばおいしくなると思っているので、いつも致死量のにんにくを入れちゃいます（笑）」。

材料（3～4人分）

スープ

水…1L　※好みで調整

A
- みりん…大さじ5
- 鶏がらスープの素（顆粒）…大さじ4・1/2
- しょうゆ…大さじ5
- 砂糖…大さじ1・1/2
- おろしにんにく…大さじ2
- おろししょうが…小さじ2

団子

にんじん…1/2本
ニラ…1/2束
鶏ひき肉…500g
味噌…大さじ1
おろしにんにく…大さじ1
おろししょうが…大さじ1
パン粉…大さじ3
卵M玉…1個

具材

にんじん…1/2本
キャベツ…1/4個
ニラ…1/2束
しめじ…1パック
えのき…1パック

作り方

1 まずは団子を作る。にんじんとニラをみじん切りにする。ミキサーを使ってもよい。

2 1と残りの団子の材料をすべてボウルに入れ、全体が混ざるまでよくこねる。

3 具材を食べやすい大きさに切る。にんじんは火が通りやすいように薄めに切るのがおすすめ。

4 鍋に水とAを入れ、2の団子のたねをひと口大に丸めて入れる。

5 食べる直前にそのほかの具材を入れ、火が通ったら、完成。

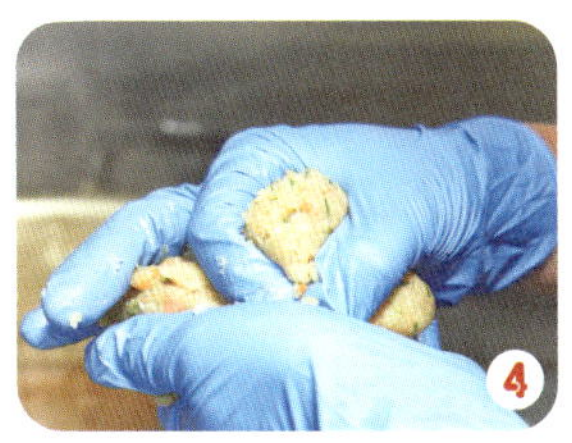

包丁立ては、漫画本を使ったお手製のもの！ほかの相撲部屋でもよく見かける

鎹山部屋

納豆巾着

Natto-stuffed Tofu Pouch

油揚げに納豆を詰めた、高タンパクでアスリート向けの定番おかず。
キムチやチーズなどでアレンジするのもおすすめ！

取材MEMO

焼いたとき表面がパリッとなるように、油揚げは湯通ししないであえてそのまま使う。
おかみさんいわく、油揚げは業務スーパーのものが頑丈でおすすめ。納豆も、たれなしのもので○。
この日余った納豆は、卵を混ぜてご飯にかけてみんなで完食☆

材料（50個分）

納豆…50g入り20パック
油揚げ…25枚

しょうゆ…3まわし
味噌…小さじ1
ごま油…1まわし
シュレッドチーズ（アレンジ用）…好みで

作り方

1 ボウルに納豆を入れ、しょうゆと味噌を加えて混ぜる。

2 油揚げを半分に切って、中を開いておく。

3 油揚げの中に納豆を入れ、つまようじで留める。このとき、好みでチーズを一緒に入れても○。

4 フライパンにごま油をひき、表面がこんがりするまで焼いたら、完成!

へい、
いらっしゃ〜い!

錣山部屋

煮込みハンバーグ

Simmered Hamburger Steak

デミグラスソースでぐつぐつ煮込んだ錣山部屋のハンバーグ。
小さめにたくさん作ればお弁当にも○。

チーズを入れてもおいしい！ 最後に煮込むので、焼くときは表面だけでOK。
工程が多いので、缶詰を使うことで手間が省けるうえ、味が簡単に決まる。

材料（作りやすい分量）

マッシュルーム…1パック
玉ねぎ…1～2個
合いびき肉…1kg
シュレッドチーズ…好みで
バター…30g

A
パン粉…150g
卵…1個
牛乳…230ml
おろしにんにく…大さじ1・1/2
おろししょうが…大さじ1/2
塩こしょう…大さじ1・1/2

B
ホールトマト缶…800g（約2缶）
デミグラスソース缶…1kg
ウスターソース…100g
赤ワイン…少々

作り方

1 マッシュルームと玉ねぎはスライスしておく。

2 ボウルにひき肉とAを入れ、全体が混ざって粘り気が出るまでよくこねる。

3 よくこねたら、好きな大きさに成形する。このとき、好みで中にチーズを入れる。

4 鍋にサラダ油（材料外）をひき、マッシュルームと玉ねぎを炒める。火が通ったらバターを加えてなじませる。

5 Bを入れ、沸騰するまで混ぜる。

6 別のフライパンにサラダ油（材料外）をひき、成形したハンバーグを焼く。

7 両面に焼き色がついたら、5の鍋にに移して弱火で約10分煮込み、中まで火が通ったら、完成！

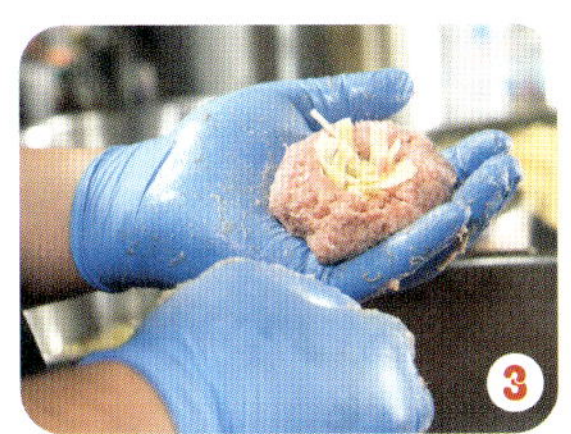
3

6

7

大量の肉をこねるのには腕力が必要！

今日はこんなにたくさんこねました！

錣山部屋

床瑛さんの
クレープ

Tokoei's Crepe

実はおかみさんの失敗から生まれた!?
ホットケーキミックスで簡単に作れるクレープを紹介します。

おかみさんがホットケーキを作ろうとして、水を入れすぎてしまったことから生まれたレシピ。
床山の床瑛さんが試しにそれを焼いてみたところ、もちもちのクレープになって大好評だったとか。
食べ物を無駄にしない相撲部屋の精神が生んだ奇跡のレシピ!

材料（作りやすい分量）

ホットケーキミックス…400g
砂糖…大さじ1
水…650ml
バター…1枚につき10g
シュレッドチーズ…好みで

仕上げ

シナモンパウダー…好みで
バナナ…好みで
メープルシロップ…好みで

作り方

1 ボウルにホットケーキミックス、砂糖、水を入れてよく混ぜる。
※普通のホットケーキよりかなり水っぽく仕上がるが、それでOK。

2 フライパンにバターをひき、お玉1杯分の液を入れて弱火でじっくり焼く。このとき、チーズをかけるとアレンジになる。

3 色が変わったらひっくり返し、両面とも焼き色がついたら完成。

バナナを
切るよ～！

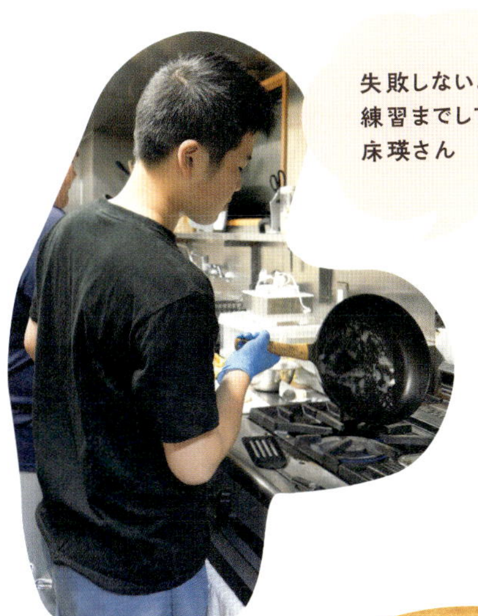

失敗しないように!と
練習までしてくれた
床瑛さん

フルーツやチーズをのせたり、メープルシロップやはちみつ、ホイップクリームをかけたりと、アレンジは自在。この日は、部屋にあったバナナをスライスして、メープルシロップをかけた。

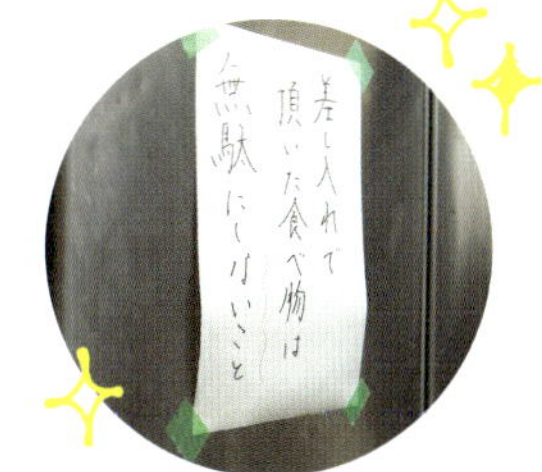

Column 6 

大相撲観戦ガイド

1・5・9月は東京の両国国技館、3月は大阪、7月は名古屋、11月は福岡で行われる大相撲の本場所。ここでは、筆者がおすすめする両国国技館の観戦ガイドをお伝えします。初めて見に行く人も慣れている人も、ぜひ参考にしてみてください!

8:30

開場はおよそ朝8時半。終盤はもっと遅くなるので注意してください。朝から行くとお客さんがまばらで、高い天井に土俵上の音がスコーンと響き、風情を楽しめます。

11:30

初観戦の人へおすすめの入り時間は11時台。お昼を調達する前に、まずは館内を1周してみよう。入口正面の賜盃が入ったショーケースで写真を撮ったり、売店を見たり、館内を自由に楽しんで。12時半になると1階の相撲博物館も開くので、要チェックです。

12:00

お昼ごはんはぜひ館内グルメを。地下の大広間では、前半と後半の週で味が変わるちゃんこが500円で食べられます。ほかにも、国技館名物焼鳥や横綱・大関のプロデュース弁当、あんぱんやソフトクリームといった甘味まで何を食べても間違いありません。まるでお花見のように、席でお相撲を見ながら飲み食いするのが生観戦ならではの贅沢。

13:00

13時台になってくると、関取衆が場所入りしてきます。1階西側の通路は、力士の入り待ち・出待ちスポット。席を抜け出して、ここでご贔屓力士を待つのも楽しいものです。取組に臨む力士は険しい表情で歩いていきますが、取組後には、写真撮影やサインなどファン対応をしてもらえるかも。

15:30

15時半すぎには、幕内土俵入り、そして横綱土俵入りが行われます。相撲の文化を肌で感じられる神聖な儀式。中入り(休憩)を挟み16時過ぎから幕内の取組が始まるので、その前にお土産の購入やお手洗いを済ませておくのが◯。

16:00

なんといっても主役は土俵。ここから打ち出し(終了)までの2時間は席を立たない覚悟で見ていてください。幕内力士たちがぶつかり合う迫力ある取組は、あなたを魅了して離さないでしょう。大盛り上がりの結び後には、弓取り式という儀式があります。ぜひ最後まで見ていってください。

18:00

18時にすべて終了。相撲がハネた後に両国近辺で夕食をと考える人は、混雑するのでぜひ事前予約を。ですが、館内でいくらでも飲み食いができるので、18時を過ぎても空腹が訪れない……なんてこともしばしば。皆さんそれぞれの楽しみ方で、幸せな相撲観戦を!

たかさごべや

高砂部屋

カギは効率とチームワーク！

高砂部屋 たかさごべや  高砂

明治初期、角界の改革を試みた高砂浦五郎（うらごろう）が、自身の四股名で創設した部屋。一代で大部屋に育て上げた。2002年、元大関である4代目朝潮（あさしお）が、当時の先代定年退職に伴い部屋を継承。若松部屋と合併し、横綱・朝青龍（あさしょうりゅう）や大関・朝乃山（あさのやま）を育てた。2020年、先代の定年退職を控え、現師匠であるモンゴル出身の元関脇・朝赤龍（あさせきりゅう）が部屋を継承した。

〒130-0004 東京都墨田区本所3-5-4　※2025年2月、墨田区石原に移転

本日のメニュー

1. 辛寄せ鍋
2. よだれ鶏
3. トンテキ
4. 卵野菜炒め

人気力士・朝乃山関らが所属する高砂部屋。力士が20人を超える大所帯のこの部屋のちゃんこ番は、「効率とチームワーク」をキーワードに、日々協力しながら作っているそうです。レシピも効率重視で挑戦してみて。

本日のちゃんこ番

上左から朝弁慶 大吉さん、
朝心誠 守さん、
朝翔 翔次さん、
朝氣龍 龍さん、
前左から朝東 恒太さん、
朝走雷 雷希さん

オフショット

いただきま〜す

この日は土俵築の日!
力士総出で土を掘り起こし、
土俵を新しくしていた

ガブリッ!

合宿の部屋割りが
出た〜!と
大盛り上がり

関取インタビュー

朝乃山 広暉（ひろき）関 ▶ 野菜を多めにバランスよく食べることが大切

伝統的な鍋では湯豆腐が好き。イカ味噌ちゃんこや肉団子もおいしい。辛寄せ鍋は、具材が多いのでうれしいですね。お相撲さんのごはんは茶色になりがち（笑）なので、野菜が多いちゃんこ鍋を多めにとるようにしています。部屋でも外食でも、野菜を多く食べるよう心がけています。関取に上がるまでは、量をたくさん食べるようにしていましたが、年齢を重ねたいまは、バランスよく食べることのほうが大切。好き嫌いがないので、なんでも食べるようにしています。

辛寄せ鍋

Spicy Hot Pot

簡単にキムチの素を使った鍋。寒い冬はもちろん、暑い夏にも汗をかきながら食べたいピリ辛のお鍋です。

材料（3〜4人分）

スープ

水…1L　※好みで調整
酒…少々
みりん…大さじ1
白だし…大さじ1
鶏がらスープの素（顆粒）…小さじ1強
キムチの素…好みの量

具材

大根…1/2本
にんじん…1/2本
玉ねぎ…1/2個
白菜…1/4株
ニラ…1/2束
しめじ…1/2パック
えのき…1/2パック
長ネギ…2本
油揚げ…1枚
鶏もも肉…400g
こんにゃく…好みの量
ちくわ…好みの量
ウインナー…好みの量

作り方

1. 鍋に水を入れ、酒とみりんを入れて火にかけ、アルコールを飛ばしておく。
2. 野菜、油揚げ、鶏もも肉は、食べやすい大きさに切る。こんにゃくはひと口大にちぎる。ちくわとウインナーは斜めに切る。
3. 鍋に残りの調味料を加え、根菜類を入れて15分ほど煮込む。
4. 白菜の葉と、ニラ、長ネギ以外の具材を順番に加えてさらに煮込み、食べる直前に葉物野菜を入れてひと煮立ちさせたら、完成!

2

4

高砂部屋

よだれ鶏

Mouthwatering Chicken

炒めた鶏もも肉で作るよだれ鶏。むね肉よりもジューシーさとパンチが出るのが特徴です。薬味でさっぱり!

材料（3～4人分）

長ネギ…2本
鶏もも肉…1kg
白いりごま…好みで

たれ

しょうゆ…50ml
酢…25ml
オイスターソース…大さじ1弱
味の素（顆粒）…小さじ1/2
砂糖…大さじ1/2
鶏がらスープの素（顆粒）…小さじ1強
水…40ml
ごま油…10ml
塩こしょう…少々

作り方

1 薬味の長ネギを小口切りにし、鶏もも肉はひと口大に切る。

2 フライパンにサラダ油（材料外）をひき、鶏もも肉を火が通るまで炒める。

3 炒めた鶏肉の上から、すべての調味料を混ぜ合わせたたれをかけ、上から長ネギと白いりごまをかけて、完成!

もちろん鶏むね肉でもOK。ゆでた鶏を使うと、さらにヘルシーになる。
薬味の長ネギはたっぷりがおすすめ!

高砂部屋

トンテキ

Pork Steak

ごはんをたくさん食べたいときにぴったりの一品。
特製だれがお肉にからんで、冷めてもおいしい！

豚肉に小麦粉をまぶすことで、後からからめるたれにとろみがつく。
甘じょっぱいたれがジューシーなお肉にからんで美味！ ごはんが進むおかず。

材料（3～4人分）

玉ねぎ…1個
にんにく…適量
とんかつ用ステーキ…600g
小麦粉…適量

たれ
しょうゆ…10ml
みりん…20ml
中濃ソース…10ml
砂糖…10ml
トマトケチャップ…少々

作り方

1 玉ねぎはスライス、にんにくはみじん切りにしておく。

2 豚肉はひと口大に切って小麦粉をまぶし、フライパンで焼いて中まで火を通す。

3 たれの材料をすべて混ぜ合せて加えて炒め、とろみがついて全体によくからんだら、完成！

これくらいかなあ？

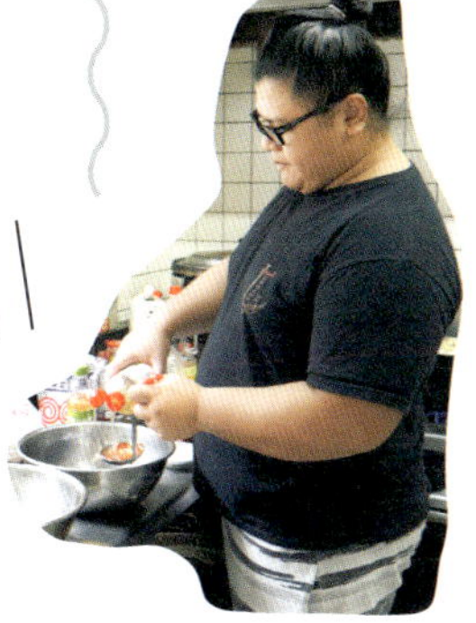

もう一品！

卵野菜炒め

Stir-fried Vegetables with Egg

材料（作りやすい分量）

玉ねぎ…1/2個
ほうれん草…1/2束
卵M玉…4個
白だし…少々

作り方

1 ボウルに卵をとき、白だしを入れる。

2 玉ねぎは薄切りに、ほうれん草は5cmほどの食べやすい大きさに切り、ほうれん草は1に加える。

3 フライパンにサラダ油（材料外）をひき、先に玉ねぎを炒める。玉ねぎがしんなりしてきたら、1を加える。

4 全体を混ぜ合わせ、卵が完全に固まる前に火を止めたら、完成！

まだ～？

Column7-1

角界の人物紹介 元力士編

土俵の主役はもちろん現役力士たちですが、角界には彼らの活躍を支える人々がたくさんいます。そんな「縁の下の力持ち」の皆さんをご紹介しましょう。まずは、元力士の協会員の方々です。

年寄（親方）

現役力士を指導する親方衆のことを、正式には「年寄」と呼びます。「師匠」と呼ばれる部屋持ちの親方は、弟子の指導に加えて部屋を運営する立場でもあります。自分の部屋を持つためには、幕内60場所以上、または三役以上などの条件があります。稽古場での弟子の指導はもちろん、新弟子を求めてあちこちスカウトに出向いたり、後援会の対応をしたりと、仕事は多岐にわたります。

また、師匠が運営する部屋に所属して力士の指導に当たる親方は「部屋付き親方」と呼ばれ、幕内20場所以上、もしくは関取30場所以上が条件です。部屋の運営は行いませんが、朝稽古での指導や師匠のサポートをします。

全親方には、協会から割り当てられた部署の仕事もあります。本場所で審判をしたり番付編成を考えたりする「審判部」をはじめ、「地方場所部」「巡業部」「広報部」「社会貢献部」など14の部署に分けられ、各部署の仕事もこなしています。

若者頭（わかいものがしら）／世話人

関取を経験せずとも協会に職員として残る方法もあります。引退した十両または幕下力士のなかから採用されるのが、「若者頭」と「世話人」です。

協会規程によれば、若者頭は「力士養成員の監督に当たる」人、世話人は「相撲競技用具の運搬、保管等の管理にあたる」人で、定員はそれぞれ8人・13人。引退後に面接などを経て採用され、部屋に所属して協会や部屋の用事をこなします。

若者頭は、時に相撲中継の解説をしたり、土俵上でケガした力士を運んだりと、テレビでその仕事ぶりを見ることができます。業界内では「カシラ」と呼ばれるのが普通です。

世話人は、支度部屋の管理をしたりテントを張ったり、チケットのもぎりを手伝ったりと、場所や巡業の運営を支えています。

ここのえべや

九重部屋

豪華すぎる食材で作るちゃんこ!

九重部屋 ここのえべや 高砂

第41代横綱・千代の山が、1967年に出羽海部屋から独立し、高砂一門に移籍して九重部屋を創設。1977年の没後、弟子であった第52代横綱・北の富士が部屋を継ぎ、さらにその後の1992年には第58代横綱・千代の富士が継承した。先代の没後、2016年に現師匠である元大関・千代大海が受け継ぎ、2021年に現在の葛飾区へ部屋を移した。

〒124-0022 東京都葛飾区奥戸1-21-14

本日のメニュー

1. 団子入り 白胡椒のスープ炊き
2. ロースト鹿肉
3. ふぐの唐揚げ
4. まぐろの煮付け

元大関・千代大海率いる九重部屋。先代の師匠である元横綱・千代の富士の時代から受け継がれるのは、なんといっても豪華な食材で作られるちゃんこの数々。ホームパーティーにもってこいのメニューをご堪能ください。

本日のちゃんこ番

左：千代雷山 鉄心さん、右：千代青梅 義和さん

オフショット

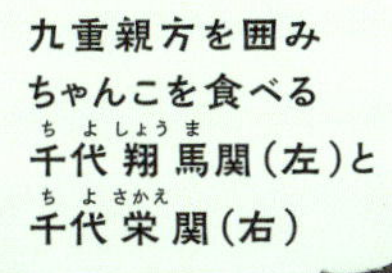

九重親方を囲み
ちゃんこを食べる
千代翔馬関(左)と
千代栄関(右)

元幕内・
千代の国の
佐ノ山親方

作り置きを出してくれた
塩唐揚げ。鶏もも肉を塩水
につけて揚げるだけという
シンプルなレシピ!

わ〜い　わ〜い

とうもろこしの
差し入れが届いて
みんな大喜び!

師匠インタビュー

九重親方

最高級のうまいものを出す! 力士ファーストなので、力士に喜んで食べてもらえるようにすること。それだけがうちの部屋のちゃんこのポリシーです。俺は嫌いなものないからなんでも食べるよ。

ちゃんこ番インタビュー

千代青梅さん

先代の頃の味を受け継ぎつつ、現在はみんなで工夫している部分もあります。

先代は魚が好きでした。魚の食べ方が上手で、煮付けも焼き魚もきれいに食べていました。いまでもうちの部屋の魚料理はバリエーションが豊富だと思います。

九重部屋

団子入り 白胡椒のスープ炊き

Salt-based Soup with Meatballs and White Pepper

ふわっふわの団子と、にんにくやホワイトペッパー香る
塩ベースのスープは相性抜群!

団子には長芋と豆腐が入っているのでふわふわ! スプーンではなく手で丸めて入れていく。
この日はタネが余ってしまったが、翌日以降使うとのこと。
普段は鶏がらからだしを取るそう。さらに本格的な味が楽しめる。

材料（3～4人分）

スープ
水…1L　※好みで調整

A
- 酒…50ml
- みりん…50ml
- 鶏がらスープの素（顆粒）…25g
- かつおだし…12g
- 味の素（顆粒）…12g
- 塩…5g
- 白こしょう…5g
- しょうゆ…少々
- おろしにんにく…10g弱

団子
- 長芋…約100g
- しょうが…少々
- 小ネギ…25g
- 鶏ひき肉（合いびき）…500g
- 味の素（顆粒）…少々
- 塩こしょう…少々
- 味噌…25g
- 豆腐…約100g
- 卵液…少々

具材
- 鶏もも肉…250g
- 豚バラ肉…375g
- 昆布…1枚
- 干ししいたけ…1個
- 大根…1/8本
- にんじん…1/2本
- 白菜…1/8株
- 玉ねぎ…1/2個
- ごぼう…1/4本
- 長ネギ…1/2本
- 水菜…1/2袋
- 油揚げ…1枚～　※好みの量
- しめじ…1/2パック
- えのき…1/2パック

作り方

1 まずは団子を作る。長芋としょうがをすりおろし、小ネギは刻んでおく。

2 団子の材料をすべてボウルに入れ、手で豆腐を崩しながら全体が混ざるまでよくこねておく。

3 具材を食べやすい大きさに切る。鶏肉と豚肉は下ゆでしておく。

4 鍋に昆布と干ししいたけを入れ、大根とにんじんをゆでる。

5 根菜がやわらかくなり、だしが取れたら、昆布としいたけは取り出して細切りにしておく。

6 鍋にAを加えたら、作っておいた団子のたねをひと口大に丸めて入れる。

7 食べる直前にそのほかの具材を入れ、ひと煮立ちしたら完成!

九重部屋

ロースト鹿肉

Roast Venison

本書唯一のジビエ料理！ 毎回すぐなくなってしまうそう。
火加減に注意しながらローストしましょう。

部屋の後援者である精肉店から冷凍で送られてくる鹿肉。新鮮なので刺身でも食べられるほどだとか。低脂肪・高タンパクで、力士の体づくりを助ける。
砂糖の代わりにはちみつを使うことで、よりコクが出る。

材料（作りやすい分量）

鹿肉…1kg
塩こしょう…適量
おろしにんにく…適量

ソース
ケチャップ…40ml
酒…40ml
みりん…40ml
しょうゆ…80ml
ウスターソース…40ml
はちみつ…40g
玉ねぎ（おろし用）… 1/5個

玉ねぎ（付け合わせ用）…好みの量

作り方

1 鹿肉にフォークでまんべんなく穴をあける。

2 塩こしょうを両面にまぶし、おろしにんにくをもみ込んだら冷蔵庫に入れ、しばらく漬け込む。

3 フライパンにサラダ油（材料外）をひいて、2を中火程度で焦げないように全面に焼き目をつける。

4 3を耐熱袋に入れ、鍋で2～3分湯煎した後、火を止めて20分ほどおく。

5 別の鍋にソースの材料をすべて入れて火にかけ、混ぜる。沸騰したら火を止める。4の耐熱袋の中に残っている肉汁も入れると、よりコクが深くなる。

6 鹿肉と玉ねぎを食べやすい大きさに切り、盛り付ける。ソースをかけたら完成。

3

4

5

新鮮な鹿肉！

かたくならないよう、焼きすぎ、ゆですぎに注意！

ジビエ料理は部屋でも人気ですよ！

九重部屋

ふぐの唐揚げ

Deep-fried Pufferfish

山口県下関市から届いたという新鮮なふぐ。
しっかりと下味をつけて、カラッと揚げていただきます。

ふぐはもちろん、手に入る魚でぜひ代用してみて!
小麦粉と片栗粉を両方まぶすことで、さっくりふわっとした食感に。
しっかり下味をつけるので、食べるときは何もつけずに食べてみて。

材料（作りやすい分量）

ふぐ…1kg
小麦粉…適量
片栗粉…適量
※片栗粉：小麦粉＝1：1
サラダ油…適量
A
卵M玉…1/2個
おろししょうが…少々
酒…100ml
みりん…100ml
しょうゆ…100ml
※酒：みりん：しょうゆ＝1：1：1

作り方

1 Aをボウルに混ぜ合わせる。

2 ふぐを1にいれてよく混ぜ、20～30分漬け込んでおく。

3 小麦粉と片栗粉を混ぜ、2にまぶす。

4 約180℃の揚げ油できつね色になるまで揚げたら、完成！

ししとうも一緒に
揚げて彩りを
プラス
一斗缶の
油を
一気に注ぐ！

九重部屋

まぐろの煮付け

Simmered Tuna

丁寧な下ゆでを施すことで、より味がしみておいしくなります。
ぜひ手間をかけて作ってください。

まぐろは、湯通しすることで臭みや汚れが取れる。
大根も、下ゆでをすると煮付けたときにだしの味がしみやすくなる。また、大根の下ゆでに米を入れるとアク抜きの効果がある。

材料（作りやすい分量）

まぐろの切り身…500g
しょうが…少々
大根…1/4本
米…10g

A
水…適量（具材がかぶる程度）
昆布…1枚
酒…2まわし
みりん…2まわし
しょうゆ…4まわし
砂糖…30g

作り方

1 まぐろを食べやすい大きさに切って、30秒間湯通しする。

2 しょうがは薄切り、大根はいちょう切りにし、米と一緒に下ゆでしておく。

3 鍋にAと、まぐろ、大根、しょうがを入れ、火にかけて沸かす。

4 一度沸いたら弱火にし、落とし蓋をして30分ほど煮る。

5 全体に味がよく染みたら、火を止めて完成。

千切りは得意です

シャキッ！

Column7-2

角界の人物紹介 裏方編

土俵の進行や力士の生活をサポートする人々も、大相撲の世界では欠かせません。ここでは、いわゆる「裏方」と呼ばれる皆さんとそのお仕事の内容について紹介します。

行司

鮮やかな装束を身にまとい、きらりと光る軍配で取組を裁くのが行司です。勝ち負けを裁く以外にもさまざまな仕事があり、ひとつが「相撲字」。番付表や電光掲示板など、あらゆる手書きの文字は、すべて行司が書いています。

そのほか、日々の取組を決める「割場」や「場内アナウンス」、そして毎日の勝敗をつける「星取表」の係などもあり、それぞれの部署に分かれて仕事をしています。

呼出し

取組前に土俵上で真っ白な扇子を広げ、両力士を呼び上げる呼出し。彼らの仕事は、呼び上げのほかに「太鼓」と「土俵築(どひょうつき)(土俵づくり)」があります。3種類すべての太鼓がたたけるようになるまで、4~5年はかかるそう。また、本場所の土俵築は、呼出し総出で3日間かけて作られています。そのほか、関取衆の力水をつける「水つけ」や、懸賞旗を持って土俵上を回るなど、細かい仕事もたくさんあります。

床山(とこやま)

力士の髷(まげ)を結う床山。あまりテレビ中継で姿を見ることはありませんが、裏方のなかで最も力士に近いといわれます。力士の象徴ともいえる甘い香りの鬢(びん)付け油を塗り込み、4種類あるつげ櫛を使用。一人で結えるようになるまで、ちょんまげは半年~1年、関取衆の大銀杏(おおいちょう)は数年かかるそうです。激しい稽古や取組に耐えうる丈夫な髷を結うことはもちろん、見た目の美しさも重要なのだとか。

あらしおべや

荒汐部屋

王道から変わり種までなんでも任せろ!

荒汐部屋 あらしおべや 時津風

2002年、元小結・大豊（おおゆたか）が、時津風部屋から内弟子1名を連れて独立し創設した。2003年に現師匠でもある蒼国来（そうこくらい）が中国・内モンゴル自治区から来日し初土俵。ウェブサイトを活用したスカウトも脚光を浴び、若元春（わかもとはる）・若隆景（わかたかかげ）兄弟らを育てた。2020年に先代が定年退職し、蒼国来が継承。ガラス張りの部屋には日々外国人の稽古見学者が集う。

〒103-0007 東京都中央区日本橋浜町2-7-2

本日のメニュー

1. トマトちゃんこ
2. 名古屋風手羽元の唐揚げ
3. ベーコンときのこのソテー
4. 先代のおかみさん直伝！ タコサラダ

小さな部屋からスタートし、いまや角界の人気力士ら多くの精鋭を抱える荒汐部屋。ちゃんこを指揮する元力士のマネージャー・内海（うちうみ）さんが、トマトを使った洋風鍋を紹介してくれます。師匠も絶賛の味をご堪能あれ！

荒汐部屋

本日のちゃんこ番

左から床光（とこみつ）さん、常川 涼介（つねかわ りょうすけ）さん、内海さん、廣瀬 広輝（ひろせ ひろてる）さん、蒼乃駿 一（そうのしゅん はじめ）さん

オフショット

バイキング形式で自由に盛り付け！

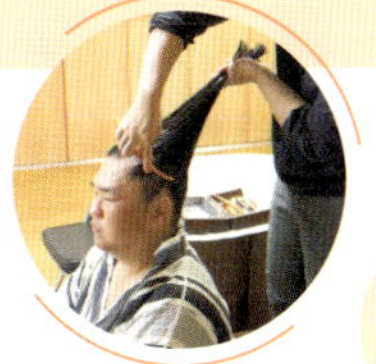

三兄弟の長男・若隆元（わかたかもと）
野球の試合を見て
大盛り上がり！

三兄弟の次男・若元春関
好きなちゃんこは
塩ちゃんこ

著者撮影

三兄弟の
三男・若隆景関
今日はラーメンの気分♪

師匠インタビュー

荒汐親方

ちゃんこはほぼマネジャーの内海に任せています。私は内海の豚汁が好きです。差し入れをいただくことも多いので、いただいたものを中心に作ってもらう。お客様が来たときは、塩か味噌を作っています。現役のときは、味噌ちゃんこにうどんと目玉焼きを入れて食べていました。いまは、銀座ライオンで荒汐部屋の塩ちゃんこを冬限定で出してもらっています。羊が届いたら私がさばきますが、いまは大青山（だいせいざん）（同じく内モンゴル自治区出身）がさばいてくれますよ。

関取インタビュー

若隆景 渥（あつし）関

（地元・福島でちゃんこ屋を営む元力士の）父親を見ていたので、魚をさばくのが趣味です。基本的に、相撲部屋のちゃんこ鍋は野菜がたくさん入っているし、それだけでバランスがいいと思います。気をつけているのはとにかくバランスよくという意識。自分は湯豆腐やゆず塩といったさっぱりした鍋が好きです。おかずではにんにく味噌。（メニューを見て）今日は気合入っていると思います。

荒汐部屋

トマトちゃんこ

Tomato Chanko

珍しい洋風ちゃんこ鍋！ スープが余ったら、〆にパスタを入れても、
ごはんを入れてリゾットにしてもおいしい。

食べる直前にシュレッドチーズを入れるのもおすすめ！ トマトの甘さと相性抜群○。

材料（3～4人分）

スープ
水…400ml（トマト缶と同量）
トマト缶…1缶（400g）

A
- コンソメスープの素（顆粒）…大さじ1
- 中濃ソース…100ml
- 塩…少々
- 砂糖…小さじ1

具材
鶏もも肉…400g
おろしにんにく…適量
クレイジーソルト…適量
にんじん…約1本
じゃがいも…2個
ブロッコリー…1個～
エリンギ…1～2パック
コーン…1缶～
キャベツ…1/3個
ウインナー…100g
玉ねぎ…1/2個～

シュレッドチーズ…好みで

作り方

1 鶏もも肉を食べやすい大きさに切り、おろしにんにくとクレイジーソルトをまぶしてしばらく漬け込んだら、オリーブオイル（材料外）でさっと炒める。

2 にんじんとじゃがいもは食べやすい大きさに切り、水にさらしておく。ブロッコリーは食べやすい大きさに切り、塩ゆでしておく。そのほかの具材も食べやすい大きさに切る。

3 鍋にトマト缶と水を加えひと煮立ちさせたら、Aを加えて味付けをする。

4 3に、根菜、エリンギ、コーン、1の鶏肉、ウインナーの順に加え、ひと煮立ちさせる。

5 最後にキャベツとブロッコリーを加え、火が通ったら完成。

1 2

2

4

支援者の方が
作ってくれた
特注のエプロン

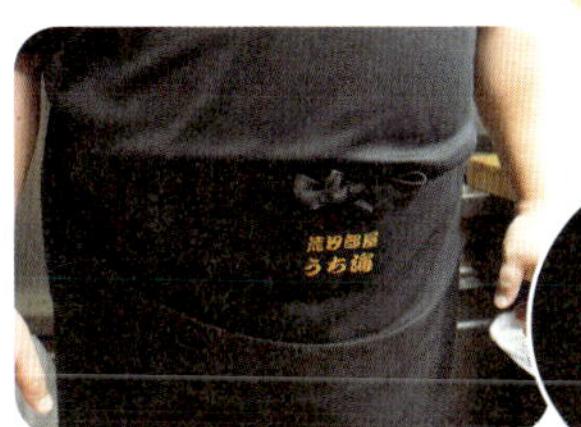

油はこのくらいの量ですか～?とちゃんこ長に工程を確かめながら丁寧に進めていく

荒汐部屋

名古屋風 手羽元の唐揚げ

Nagoya-style Deep-fried Chicken Drumettes

名古屋名物の手羽先唐揚げを、手羽元を使って再現!
にんにくを入れてガツンとお相撲さん風に。

名古屋場所で力士たちがよく行く某人気手羽先店の味を再現したレシピ。
手羽元は、手羽先よりも食べやすいのと、身が多いので好んで使うそう。
もも肉1枚で作ってもおいしいのだとか!

材料（作りやすい分量）

鶏手羽元…1kg
塩こしょう…適量
酒（漬け込み用）…適量
しょうゆ（漬け込み用）…適量
※酒：しょうゆ＝3:4
片栗粉…適量

たれ
しょうゆ…1/3L
みりん…100ml～
砂糖…230g
にんにく…1玉

白いりごま…適量

作り方

1 鶏手羽元に塩こしょうをまぶし、酒としょうゆを混ぜ合わせたバットに入れてしばらく漬け込んでおく。

2 たれを作る。にんにくはみじん切りにし、それ以外の調味料と混ぜ合わせて鍋に入れ、沸騰させる。

3 1を片栗粉にくぐらせ、180℃に熱した揚げ油（材料外）でカリッとするまで揚げる。

4 食べる直前まで、3を2に漬け込んでおく。塩こしょうと白いりごまをかけたら完成。

ベーコンときのこのソテー

Sauteed bacon and mushrooms

鍋で余ったきのこを副菜
として活用できるレシピ。
ささっと簡単にできるので、
プラス1品に最適。

荒汐部屋

材料（作りやすい分量）

まいたけ…2パック
しいたけ…1パック
えのき…1パック
しめじ…1パック
エリンギ…1パック
塩こしょう…少々
バター…60 ～ 70g
ベーコン…237g

作り方

1 きのこ類を食べやすい大きさに切る。

2 フライパンにオリーブオイル（材料外）をひき、塩こしょうをして1を炒める。きのこの上にのせるようにバターを加えて、さらに炒める。

3 きのこが薄い茶色になり火が通ってきたら、ベーコンを広げて重ねていく。

4 全体に火が通ったら完成。

取材MEMO

ベーコンは切らずにそのままのせると、食べ応えがたっぷり。お相撲さん気分が味わえる！

先代のおかみさん直伝！タコサラダ

Octopus Salad Passed down from the Previous Okami-san

熱した油を注いで、しっかりパンチの効いたサラダ。野菜をとりながらちゃんと米も進む相撲部屋の味です。

材料（作りやすい分量）

レタス…1個
長ネギ…3/4本
タコのぶつ切り（生食用・ボイル済み）…250g
味の素（顆粒）…適量
サラダ油…200ml
しょうゆ…適量

作り方

1 レタスを食べやすい大きさに切る。長ネギはピーラーなどで千切りにし、しばらく水にさらしておく。

2 タコと1をバットなどに盛り付け、味の素をかける。

3 サラダ油を熱し、煙が出てきたら火を止め、2の全体にかける。このとき、油が周囲に飛び散ることがあるので要注意。

4 最後にしょうゆをまんべんなくかけたら、完成。

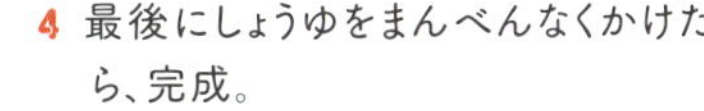

1

3

取材MEMO
油の量は好みで調整してもよいが、パンチと食べ応えが出てサラダなのにごはんが進む！ピーラーを普段から活用しているというマネージャーの内海さん。「1,000円くらいのものを買えば、長持ちするしクオリティもいいですよ」とのこと。

Column8-1

変わり種ちゃんこ 1

塩・ソップ・味噌の伝統的な3種のほかにも、まだまだ珍しいちゃんこ鍋があります！取材時のメニューにはなかった、各部屋とっておきの変わり種ちゃんこのうち、ほんの一部分をご紹介します。どれも簡単に真似したりアレンジできるので、ぜひ試してみて。

鳴戸部屋特製！豆乳ちゃんこ

かつおだし入りの塩ちゃんこに豆乳を入れるだけ！
簡単でまろやかな味わいなので、いつもの味に飽きたときに○。

著者撮影

取材MEMO
豆乳を加えるので、水はいつもより少なめに入れよう。
豆乳は最後に入れないと、豆臭さが出てスープの色も黄色くなってしまうので注意。

材料（作りやすい分量）

スープ

A
- 水
- 酒
- 塩
- 和風だしの素（顆粒）
- 白味噌

豆乳

具材

- 豚バラ肉
- えのき
- しめじ
- にんじん
- 大根
- 玉ねぎ
- 白菜（キャベツでも可）
- ニラ
- 油揚げ

作り方

1. スープを作る。鍋にAを入れ、沸騰させる。
2. 具材を食べやすい大きさに切り、豚バラ肉、根菜、きのこ類、葉野菜、油揚げの順に入れる。豚バラ肉のアクを取ってから野菜を入れること。根菜は下ゆでしてもよい。
3. 食べる直前に豆乳を好みの量入れ、軽く煮立てたら完成。

なるとべや

鳴戸部屋

相撲部屋にブルガリアの風が吹く！

鳴戸部屋 なるとべや 二所ノ関

佐渡ヶ嶽部屋出身の元大関・琴欧洲(ことおうしゅう)が、2017年に独立し、鳴戸部屋を創設。ヨーロッパ出身初の師匠となった。2019年より、東京スカイツリーにほど近い現在の場所に部屋を構える。一代で部屋を築いておよそ5年後の2022年に、モンゴル出身の欧勝馬(おうしょうま)が十両に昇進。部屋で初めての関取となった。外からも稽古の様子を見ることができる。

〒131-0033 東京都墨田区向島1-22-16

本日のメニュー

1. 特製グラタン
2. スタミナ豚味噌ちゃんこ
3. 牛ごぼう
4. バンバンジー風サラダ

ブルガリア出身の元大関・琴欧洲が師匠の鳴戸部屋。ヨーグルトをはじめ、チーズや牛乳など乳製品の差し入れが多い同部屋からは、和食だけでなく洋風のちゃんこをご紹介します。濃厚な味わいの本格派グラタンは必見!

本日のちゃんこ番

▶ 左から狩野(かりの) 煌太(けいた)さん、川村(かわむら) 泰斗(たいと)さん、村山 豪さん、金沢(かなざわ) 秀俊(ひでとし)さん、向田(むかいだ) 浩希(ひろき)さん

オフショット

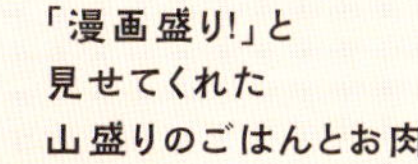

「漫画盛り!」と
見せてくれた
山盛りのごはんとお肉

たすきがけって
こうやるんだよ

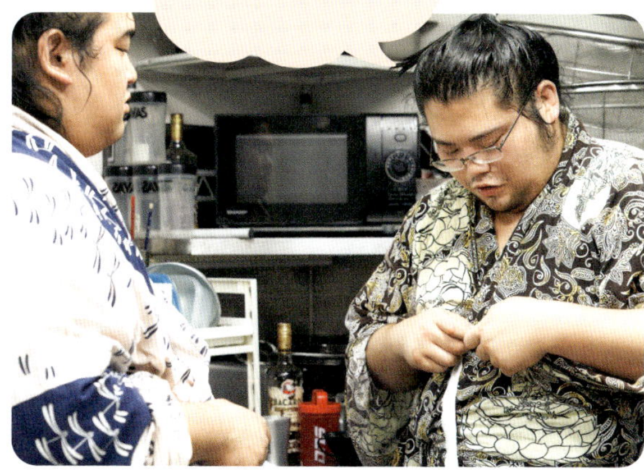

できた!

REPORT

部屋に届く明治ブルガリアヨーグルトは、師匠が「ブルガリアのヨーグルトよりおいしい」と太鼓判(笑)。カレーなどの料理にアレンジすることもありましたが、結局「そのまま食べるのが一番うまい!」と、みんなそのまま食べているそう。ちゃんこには、化学調味料をなるべく使わないのが鳴戸部屋のポリシー。みりんやしょうゆなどの自然調味料で味付けします。

鳴戸部屋

特製グラタン

Special Gratin

ホワイトソースから手作りのグラタン。
じゃがいもと鶏肉のごろごろ食感は子どもから大人まで大好きな味。

事前にじゃがいもと玉ねぎ、鶏もも肉に火を通しておくことで時短に。
ホワイトソースはコンソメが味の決め手。お好みで量を調整して。

材料（作りやすい分量）

じゃがいも…4個
玉ねぎ…2個
鶏もも肉…1kg
オリーブオイル…適量

ホワイトソース

バター…30g
小麦粉…83g
牛乳…830ml
コンソメスープの素（顆粒）…少さじ1
※好みで調整
はちみつ…適量
塩こしょう…少々

仕上げ用

パン粉…適量
ピザ用チーズ…100g　※好みで調整
黒こしょう…好みで

作り方

1 じゃがいもは食べやすい大きさに切り、一度素揚げしておく。

2 玉ねぎはくし形切り、鶏もも肉はひと口大に切り、フライパンにオリーブオイルを入れ炒める。

3 鍋にバターと小麦粉を入れ、弱火で全体をなじませる。

4 牛乳を少しずつ加えてダマにならないように混ぜる。これを繰り返す。なじんだらコンソメスープの素とはちみつ、塩こしょうを加える。

5 火を止め、2を加えて混ぜ合わせる。

6 バットにクッキングシートを敷き、薄くオリーブオイルを塗ってじゃがいもを並べる。その上に5をかけて、パン粉とピザ用チーズをトッピングする。

7 200℃に予熱したオーブンで20〜25分焼き、焦げ目がついたら完成。お好みで黒こしょうをかけても○。

4

6

バーナーがあれば、
香ばしく本格的な味に
仕上がる。試してみて！

できあがり〜！

鳴戸部屋

スタミナ豚味噌ちゃんこ

Stamina Miso Pork Chanko

相撲部屋定番の味のひとつ「豚味噌」。
具だくさんで、豚の甘さやだし、にんにくが効いたパンチある鍋です。

具材を入れて煮るときは、沸騰させないように調味料を入れたら弱火のままキープ。
葉物野菜は食べる直前に入れることで、食感を楽しめる。

材料（3〜4人分）

スープ

水…1L　※好みで調整

A
- 酒…30ml
- しょうゆ…30ml
- みりん…30ml
- カツオだしの素（顆粒）…少々
- 砂糖…20g
- 味噌…120g
- すりおろしにんにく…好みで

具材

大根…1/5本
にんじん…1本
豚バラスライス肉…500g
しめじ…1/2パック
えのき…1/2パック
玉ねぎ…1個
油揚げ…1枚
キャベツ…1/4個
絹豆腐…1/2丁
小松菜…1/2束

おいしそう〜！

作り方

1 具材を食べやすい大きさに切る。

2 鍋に水を入れ、大根とにんじんを入れて中火にかける。

3 やわらかくなったら豚バラスライス肉をを入れて強火にし、アクを取ったら弱火にする。

4 Aを入れる。味が整ったら、しめじ、えのき、玉ねぎと油揚げを入れて煮込む。

5 食べる直前にキャベツを入れ、キャベツがしんなりしてきたら絹豆腐と小松菜を入れて完成。

牛ごぼう

Simmered Beef and Burdock Root

鳴戸部屋の来客時の定番メニュー。ごぼうのシャキシャキした食感に、甘めのたれが絶品！ 隠し味のはちみつがポイント。

事前に牛肉を酒で洗っておくことで、より肉がやわらかくなる。
肉を炒める際は、最初にサラダ油で炒めてからごま油を香りづけに加えると、焦げにくくなる。
くどくない優しい甘さで、ごはんのおともやお酒のおつまみにぴったり！

材料（作りやすい分量）

ごぼう…2本
牛スライス肉…1kg
酒（洗い用）…適量
サラダ油…小さじ1
ごま油…1まわし
A 砂糖…1/3カップ
しょうゆ…1/3カップ
みりん…50ml
はちみつ…小さじ1

作り方

1 ごぼうはささがきにして、水にさらしてアク抜きしておく。

2 牛肉は食べやすい大きさに切り、酒で洗っておく。

3 フライパンにサラダ油をひいて牛肉を炒め、色が変わったらごま油を加えて香りを出す。

4 なじんだらごぼうを加えてさらに炒め、火が通ったらAを加えて味付けをして、完成。

3

4

バンバンジー風サラダ
Bang Bang Chicken Salad

ヘルシーな鶏むね肉と生野菜の組み合わせはまさに健康的！ 特製のソースをたっぷりかけて、食べ応えも抜群です。

鶏むね肉、かたくなるのでゆですぎに注意。
細切りにしたきゅうりを加えるアレンジもおすすめ！

材料（作りやすい分量）

トマト…2個
レタス…1/3個
鶏むね肉…2枚

ソース
A 胡麻ドレッシング…50g
食べるラー油…20g
はちみつ…少々
マヨネーズ…少々

作り方

1 鶏むね肉をゆで、取り出して冷ましたら細切りにする。

2 レタスをちぎって皿に敷き、トマトを半月切りにしてその上にのせる。

3 2に1をのせたらAを混ぜ合わせ、回しかけて、完成。

Column8-2

変わり種ちゃんこ②

佐渡ヶ嶽部屋特製！カレー鍋

塩ちゃんこにカレー粉を加えるだけで簡単に味が決まる！
具材に変化をつけてアレンジも自在に。

琴吹雪さん撮影

取材MEMO
カレー粉は味見をしながら少しずつ加えるのがおすすめ。好みの味を見つけてみて。バゲットを入れることで食感に変化が出てマンネリから脱出できる！

材料（3～4人分）

スープ
水…1L　※好みで調整
酒…60ml
鶏がらスープの素（顆粒）…15g
塩…6g
黒こしょう…少々
カレー粉…好みの量

具材
鶏もも肉
肉団子
しいたけ
えのき
長ネギ
ニラ
豆腐
バゲット

作り方

1 具材を食べやすい大きさに切る。

2 鍋に水を入れて沸かし、酒を加えてアルコールを飛ばす。

3 鶏肉と肉団子を入れ、アクが出たら取る。

4 そのほかの具材を入れ、鶏がらスープの素、塩、黒こしょうを入れて少し煮立ったら、最後にカレー粉を入れて完成。

いかづちべや

雷部屋

おかみさんと世話人さんが腕を振るう！

雷部屋 いかづちべや 出羽海

1993年、前年に現役を引退していた元関脇・栃司が、内弟子3人を連れて春日野部屋から独立。入間川部屋を興した。幕内・皇司ら5人の関取を育て、2023年に定年退職。元小結・垣添が部屋を継承し、雷部屋に改称した。現在は、ウクライナ出身初の幕内力士となった獅司らが所属。部屋はさいたま市から墨田区内の旧・大島部屋へ移転予定。

〒130-0002 東京都墨田区業平3-1-9

本日のメニュー

1. ケジャンチゲ鍋
2. 豚の唐揚げ
3. ガパオライス
4. ネギチャーシュー

おかみさんが「部屋というより我が家の味」という辛い鍋と、普段から部屋のちゃんこの味を支える料理上手の世話人・二朗(じろう)さんが生み出す独自のレシピをご紹介。お相撲さんたちも負けじと頑張り、豪華なラインナップに!

雷部屋

本日のちゃんこ番

左から荒ノ浪(あらのなみ) 二朗さん、雷嵐(いかづちあらし) 風樹(かずき)さん、龍司(りゅうつかさ) 成(しげ)さん、毅ノ司(きのつかさ) 大輔(だいすけ)さん

オフショット

おそろいの
部屋Tシャツで大集合!
まるで大家族

Tシャツの「16」って
なあに?

4×4（獅司）
のことだよ!

獅司関

師匠インタビュー

雷親方 ▶ これからも関取を輩出していきます!

力士は稽古で大量の汗をかくので、その後にしっかり栄養をいきわたらせるようにするのがちゃんこの役割です。二朗さんのちゃんこは愛情いっぱい。いつも本当に感謝しています。

私が現役の頃は、ジュースをやめるとか、自分自身に厳しくしてきましたが、弟子にはある程度自由にさせています。本当はジュースもジャンクフードもやめてほしいけどね（笑）。その代わり、日々の稽古を厳しくしています。これからまた、獅司に続く関取を育てるので、楽しみにしていてくださいね。

ケジャン チゲ鍋

Spicy Crab Kimchi Hop Pot

おかみさんが仕込むたれは、海鮮のうまみがギュッと詰まって
なんとも贅沢! 冷凍しておけるのもうれしいポイント。

材料（3～4人分）

ヤンニョムケジャンのたれ
長ネギ…1本
にんじん…1本
玉ねぎ…1/2個
玉ねぎ（すりおろし）…1/2個
りんご（すりおろし）…1個
なし（すりおろし）…1個
にんにく…1玉
酒…50ml
しょうゆ…100ml
おろししょうが…大さじ5
粉唐辛子…大さじ10
コチュジャン…大さじ5
昆布…1枚
白いりごま…大さじ5
砂糖…大さじ3
はちみつ…大さじ3
レモン絞り汁…大さじ4
イワシエキス…大さじ2
梅エキス…大さじ2
ごま油…大さじ3
塩こしょう…適量
青唐辛子…3本

スープ
水…1L　※好みで調整
酒…小さじ2・1/2
みりん…小さじ2・1/2
しょうゆ…小さじ1・1/2
砂糖…小さじ1・1/2
オイスターソース
…小さじ1・1/2
一味唐辛子…少々

具材
牛すじ…750g
豚バラ肉…500g
えのき…1パック
しめじ…1パック
白菜…1/2株
もやし…250g
ニラ…1束

スープに使う水の量は、野菜から水分が出るため少なめでも○。
ヤンニョムケジャンのたれはすべて入れるとかなり辛いので、残った分は次回以降使用しよう。

作り方

1 ヤンニョムケジャンのたれを作る。野菜やにんにくは細かく刻み、すべての材料を鍋に入れて火にかけ、30分ほど煮込む。一晩漬け込んでおくのがおすすめ。

2 牛すじと塩水（材料外・具材が浸る程度）を圧力鍋に入れ、やわらかくなるまで煮込む。
※圧力鍋がない場合は通常の鍋で下ゆでをしておく。

3 具材を食べやすい大きさに切る。

4 スープを作る。水と調味料を鍋に入れて火にかけ、ひと煮立ちしたら1と2、豚肉を入れる。
1は、味を見ながら少しずつ足していくのがおすすめ。

5 きのこ類、白菜、もやしの順に鍋に入れたらひと煮立ちさせ、食べる直前にニラを入れる。

3

5

お肉を
たっぷり
入れます！
〆はうどん
だよね

雷部屋

豚の唐揚げ

Deep-fried Pork

お客さんに出しても
あっという間になくなっ
てしまう二朗さんの唐
揚げ。豚の甘みが凝
縮されてジューシー！

材料（作りやすい分量）

豚バラブロック肉…1kg

A
- 卵M玉…1・1/2個
- しょうゆ…100ml
- 酒…50ml
- みりん…50ml
- 砂糖…大さじ2～3
- おろしにんにく…大さじ1/2
- おろししょうが…大さじ1/2

片栗粉…適量
小麦粉…適量
※片栗粉：小麦粉＝1：1

作り方

1 豚バラブロック肉を食べやすい大きさに切る。

2 ボウルにAを入れ混ぜ合わせたら1を入れ、15～30分漬け込む。

3 片栗粉と小麦粉を混ぜ合わせ、豚バラブロック肉を取り出してまぶす。

4 約180℃の揚げ油（材料外）で、衣がカリッときつね色になるまで揚げる。

2

4

取材MEMO
世話人・二朗さん行きつけの、大阪の居酒屋の味を再現したメニュー。
豚の唐揚げは鶏よりも食べ応えがあって、力士たちからも人気だそう。

番部屋

ガパオライス

Thai Basil Chicken Rice

これだけでとにかくごはんが進む！ エスニック好きは
バジルやナンプラーをふんだんに使って香りを楽しんで。

鶏むね肉やバジルを使用しているので、さっぱりとした味わいに仕上がる。
若い衆は、エスニック料理が苦手なことが多いが、このレシピで作ってみたところ、すぐに定番メニューになったのだとか！

材料（2～3人分）

鶏むねひき肉…500g
玉ねぎ…2/3～1個
パプリカ…1玉
バジル…6束　※好みで調整

A
- 砂糖…大さじ1
- しょうゆ…大さじ1・1/2
- オイスターソース…大さじ2
- ナンプラー…約40ml
- ※好みで調整

卵M玉…人数分

作り方

1 玉ねぎは粗みじん切り、パプリカは角切りにする。バジルは葉をちぎっておく。

2 フライパンにサラダ油（材料外）をひき、玉ねぎがしんなりと焦げ茶色になるまで強火でしっかりと炒める。

3 鶏むねひき肉を加える。全体に火が通ったらパプリカを加える。

4 Aを混ぜ合わせ、3に加える。全体が混ざり合ったら、バジルを加える。

5 目玉焼きを作り、皿に入れた4の上に盛り付けたら完成。

目玉焼きは
欠かせないよね

バジルは
多めに

番部屋

ネギチャーシュー

Braised Pork with Green Onions

お相撲さんが作る渾身のごはんのおとも兼お酒のつまみ。
冷たいままでおいしいので、いつでも食べられます。

にんにくは刻まずに丸々入れるのがポイント。
豚ブロックの切れ端も無駄にせず、細かく刻んで盛り付けていた。ごはんに混ぜてもおいしい！

材料（作りやすい分量）

豚バラブロック肉…600g
しょうが…40g
長ネギ…1本
水…1.5L
もやし…好みで

A
- 酒…150ml
- しょうゆ…大さじ4
- みりん…50ml
- 砂糖…大さじ2
- オイスターソース…大さじ1
- 鶏がらスープの素（顆粒）…小さじ1
- 塩…ふたつまみ
- ごま油…大さじ1
- ラー油…小さじ1
- 味付けメンマ…50g
- にんにく…1玉

すりごま…適量
一味唐辛子…好みで

作り方

1 豚バラブロックをタコ糸で均等に縛る。

2 フライパンにサラダ油（材料外）をひき、1を全体に焼き目がつくように焼く。

3 しょうがを薄切りにし、長ネギの青い部分のみ切り落とす。

4 鍋に水、2と3を入れて2～30分煮込む。

5 豚肉のみを取り出し、別の鍋にAと豚肉を入れて煮込む。
※豚肉にしっかりと色がしみ込み、ほろほろになるまで煮込むのがポイント。

6 好みで長ネギの白い部分やもやしを入れても◯。豚肉はタコ糸を外し、食べやすい大きさに切って、すりごまと一味唐辛子をふりかけたら完成。

6

余った肉の
切れ端も調理中!

お酒のおつまみにも
ぴったりの
おかずです

索引 Index

レシピ（五十音順）

索引 Index

部屋・師匠・力士（五十音順）

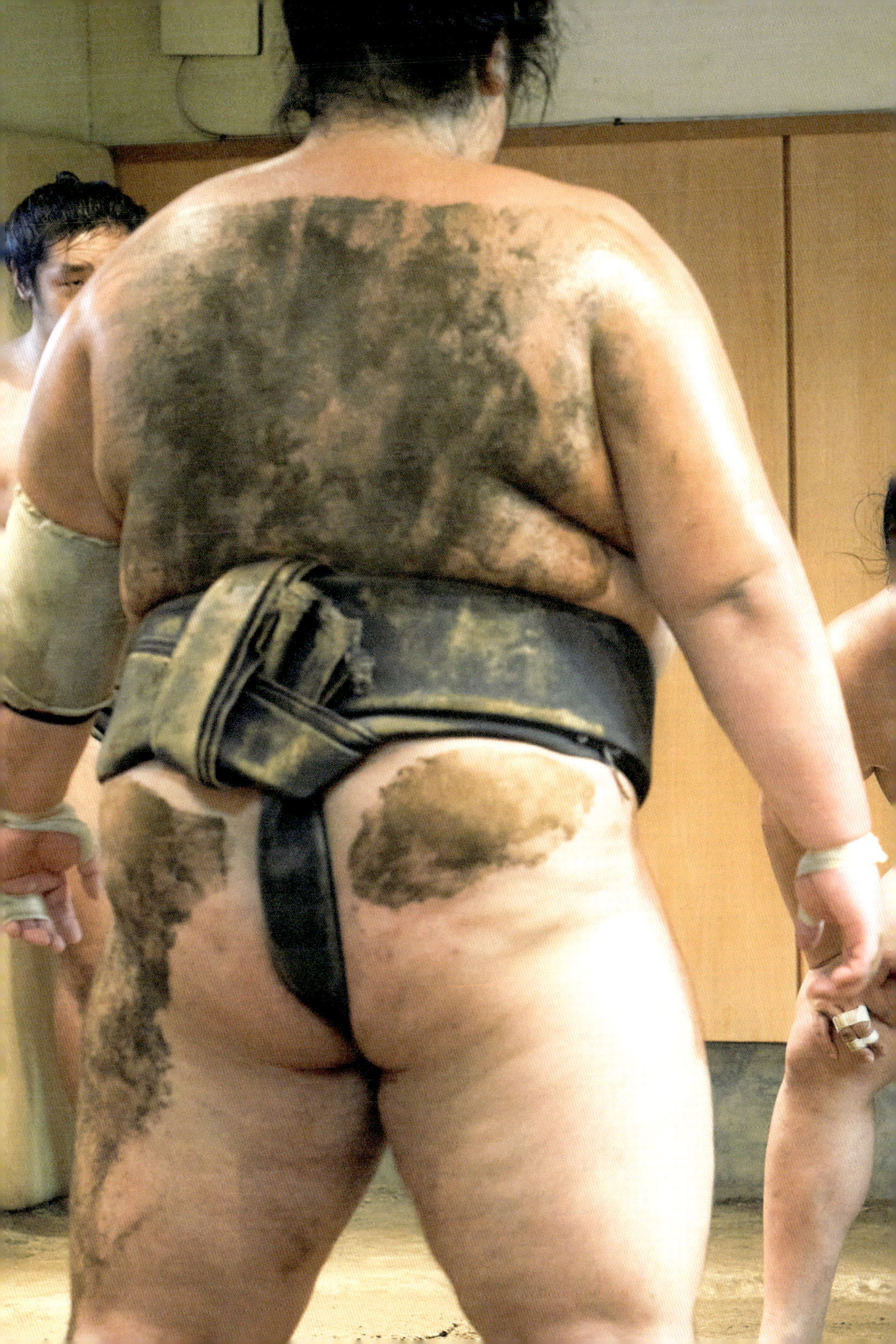

著者プロフィール

飯塚さき（いいづか・さき）

1989年生まれ、さいたま市出身。相撲ライター。早稲田大学国際教養学部卒業。ベースボール・マガジン社に勤務後、2018年に独立。著書『日本で力士になるということ 外国出身力士の魂』（ホビージャパン）、横綱・照ノ富士の著書『奈落の底から見上げた明日』（日本写真企画）の構成・インタビューを担当。

参考文献

『相撲』2024年5月号別冊付録　令和6年度版最新部屋別全相撲人写真名鑑（ベースボール・マガジン社）
『相撲手帳』（日本相撲協会）
『大相撲力士名鑑』（編・『相撲』編集部／ベースボール・マガジン社）
『うっちゃれ五所瓦』（作・なかいま強／小学館）より、「大相撲よもやま話」（飯塚さき著）
『家で楽しむ大相撲』（ホビージャパン）

おすもうさん直伝！ かんたん家ちゃんこ
相撲部屋別自慢のレシピ

2025年1月11日　初版第1刷発行
2025年4月6日　第2刷発行

著　者　飯塚さき
協　力　日本相撲協会
デザイン　公平恵美
写　真　岩崎美里
イラスト　佐野彩子
校　正　株式会社 ぷれす
編　集　宮城鈴香

発行人　三芳寛要
発行元　株式会社パイ インターナショナル
〒170-0005　東京都豊島区南大塚2-32-4
TEL：03-3944-3981　FAX：03-5395-4830　sales@pie.co.jp

印刷・製本　シナノ印刷株式会社

ISBN978-4-7562-5937-0 C0077 Printed in Japan